ulmer

Heidi Lorey

KARTOFFEL LiEBE

Pflanzen, ernten, Sortenvielfalt genießen

Das lesen Sie in diesem Buch

Kartoffeln – meine kochende Leidenschaft

Anleitung für die Kultur und den Genuss einer Delikatesse

Ein Kochbuch? Ein Gartenratgeber?
Nein – ein Kultbuch über die Knolle!

Die „Kartoffelfrau", so nennen mich Besucher meiner Vorträge über die Kartoffel. Die halte ich schon seit über 25 Jahren vor Gärtnern, Landfrauen, Kochgruppen, Feinschmeckern, Schulklassen und anderen Menschen, um sie für die Knollen zu begeistern.

Wir alle kennen die Kartoffel, sie begegnet uns mehrfach am Tag in unterschiedlicher Gestalt – mittags in der Kantine als Salzkartoffel, abends vor dem Fernseher als Chips. Im Supermarkt liegt sie unter Neonlicht und ihre Schale wird grün. Wir kaufen sie trotzdem, packen sie in den Einkaufswagen, ohne auf die Sorte zu achten. Anders als beim Apfel ist bei der Kartoffel die Wertschätzung für die Sorten gering. Das hat auch mit ihrem Marketing zu tun, denn auf den Raschelsäcken steht der Sortenname versteckt irgendwo im Falz. Kaum jemand ist sich der großen Sortenvielfalt der Kartoffel bewusst. In der beschreibenden Sortenliste des Bundessortenamtes 2017 sind 201 Sorten von Speise- und Wirtschaftskartoffeln aufgelistet. Weltweit sollen es über 3000 Sorten sein, dazu kommen über 4000 Landsorten. Jedes Jahr werden Sorten neu zugelassen, die in ihren Ertrags- und Resistenzeigenschaften verbessert wurden. Kaum jemand züchtet auf Geschmack, dabei ist Geschmack das entscheidende Qualitätsparameter für den Kauf eines Lebensmittels in satten Gesellschaften (Dr. T. Ellrott und Dr. D. Ulrich, Julius-Kühn-Institut).

Die Weinbauern haben das schon vor 100 Jahren verstanden. Wein wird überall auf der Welt angebaut und vermarktet, wie schafft man sich da ein Alleinstellungsmerkmal? Ganz einfach: Indem man Wein zelebriert und Bücher füllt mit Aromen- und Lagebeschreibungen. Bei der Kartoffel nach dem Geschmack gefragt, antworten viele: „geht so“ oder: „wie immer“. Wir haben uns daran gewöhnt, dass die Sättigungsbeilage neutral schmeckt. Sie nimmt in den Gerichten den Geschmack an, den wir hineinwürzen. Die Italiener nennen die Kartoffel „tartuffli“, kleine Trüffel. Zugegeben, da kommt die Kartoffel aromatisch nicht ganz ran, aber welche Wertschätzung spricht aus dieser Benennung! Wir müssen wieder lernen, den Kartoffelgeschmack wahrzunehmen und achtsam mit unseren Nahrungsmitteln umzugehen. Als Kartoffelsommelière möchte ich Ihnen dies bei meinen Veranstaltungen näherbringen. Den Anstoß zu dieser Betrachtungsweise gab eine Sonderausstellung des Kloßmuseums Heichelheim mit dem Titel: „Kartoffeln sind wie ein guter Wein“.

Über die Vereine, die sich für die Erhaltung der Vielfalt bei unseren Nutzpflanzen einsetzen, hat sich eine Szene rund um die Kartoffelvielfalt gebildet. Auf den Saatgutmärkten werden Knollen getauscht und Erfahrungen weitergegeben. Eine Arbeitsgemeinschaft aus Landwirten und Erhaltervereinen kürt jedes Jahr die „Kartoffel des Jahres“. Dies soll auf den Stellenwert eines unserer wichtigsten Nahrungsmittel und seine Vielfalt aufmerksam machen. Diese Gruppe hat ebenfalls maßgeblich zur Rettung und Wiederanmeldung der Sorte ‘Linda’ beigetragen.

Für mich waren Wolfram Siebeck als Koch, der ‘Bamberger Hörnle’ für einen Salat empfahl, und Jürgen Dahl, der schon Mitte der 1990er-Jahre auf die unbekannte Vielfalt der Kartoffel hinwies, Impulsgeber, mich mit der Kartoffel als Kulturpflanze zu beschäftigen. Mit ihrer Geschichte wird unsere eigene Kultur-, Agrar-, Sozial- und Kunstgeschichte lebendig. Jeder kann im Küchengarten ein paar Knollen anbauen und ihre Farben-, Formen- und Geschmacksvielfalt erleben. Stöbern Sie im Buch durch meine erprobten Kulturempfehlungen, die über 70 Sortenbeschreibungen und die besten Rezepte rund um diese Delikatesse. Lernen Sie die Kartoffel wieder lieben!

Ihre Heidi Lorey

KARTOFFELN IM

KÜCHENGARTEN

Kartoffeln sind einfach anzubauen, denn während des Wachstums benötigen sie kaum Pflege. Kartoffelfans finden hier alle wichtigen Anbautricks. Los geht's!

Ein Nachtschattengewächs

▶ Die Kartoffel, botanisch *Solanum tuberosum* subsp. *tuberosum* L., gehört, wie Tomate, Paprika, Aubergine und Tabak, zur Familie der Nachtschattengewächse (*Solanaceae*).

Legen wir im Frühjahr eine Kartoffelknolle in die Erde, wachsen aus den Augen Keime. Sie werden grün, sobald sie die Erdoberfläche durchbrochen haben. Die sich daraus entwickelnden kantigen, krautigen Stängel tragen rauhaarige, unpaarig gefiederte Blätter. Aus einer Knolle wachsen mehrere Triebe, die je nach Sorte 30 bis 80 cm hoch werden. Im Sommer bilden sich Blüten mit einem grünen, fünfzipfeligen Kelch. Die Blütenkronblätter sind miteinander verwachsen. Die Blütenfarbe kann weiß, rosa oder hellblau sein. In der Blüte befinden sich fünf Staubblätter und der Blütengriffel ragt aus ihnen heraus. Die Blüten liefern keinen Nektar und nur wenig Blütenstaub, daher werden sie selten von Insekten besucht. Die Kartoffelblüte ist so gebaut, dass bei den nach unten geneigten Blüten eigener Blütenstaub auf die Narbe fällt – sie gehört zu den Selbstbefruchtern. Als Frucht entsteht eine grüne, fleischige Beere, die zahlreiche kleine, abgeflachte Samen enthält. Die Beeren sind giftig, sie enthalten das Alkaloid Solanin, wie alle grünen Pflanzenteile der Kartoffel. Die Samen werden nur von Züchtern ausgesät, um neue Sorten zu entwickeln. Blüten- und Beerenansatz sind von Sorte zu Sorte unterschiedlich häufig.

Einjährige Pflanze

Die Kartoffeln sind reif, wenn ihr Laub je nach Sorte ab August bis September gelb wird und abstirbt. Die Knollen werden aus der Erde genommen und eingelagert. Kartoffeln sind nicht frosthart, doch überstehen Knollen, die tiefer in der Erde liegen bleiben, manche Winter. Die Knollen treiben erst nach einer Ruheperiode wieder aus, dann sind in der Knolle vorhandene Hemmstoffe abgebaut. Frühsorten haben eine kürzere Ruheperiode und keimen eher als späte Sorten.

Knollen, die Augen haben

Die Vermehrung der Kartoffel erfolgt durch Knollen. Die in die Erde gelegten Mutterknollen bilden Wurzeln zur Wasser- und Nährstoffaufnahme. Zusätzlich entstehen fleischige Ausläufer, die Stolonen. Sie wachsen flach unter der Erde und schwellen an der Spitze an. Durch dieses Dickenwachstum entstehen neue Knollen. Die Knollen tragen Vertiefungen, in denen Seitenknospen liegen, die sogenannten Augen. Die Augen sind bei modernen Sorten so flach, dass sie kaum zu erkennen sind. Bei alten Sorten und indianischen Landsorten liegen die Augen in tiefen Wülsten. Aus den Augen treiben wieder „Keime", die jungen Triebe. Die Kartoffelknolle ist ein verkürzter und stark angeschwollener Spross, keine Wurzel. Botanisch bezeichnet man sie als Sprossknolle. Die verkorkte Schale schützt die Knollen vor Wasserverlust. Die Sprossknollen dienen der Pflanze zur Nährstoffspeicherung, als Überdauerungsorgan und zur vegetativen, ungeschlechtlichen Vermehrung. Die ungeschlechtliche Vermehrung hat zur Folge, dass alle Kartoffeln einer Sorte in ihrem Erbgut identisch sind, es sind Klonsorten. Die Knollenform, Schalen- und Fleischfarbe sind sortenspezifisch. Die Knollen können rund, oval oder fingerförmig lang sein. Viele Sorten sind gelbschalig, seltener sind rot- und blauschalige Sorten. Die Fleischfarbe variiert zwischen hell- und dunkelgelb, Anthocyane sorgen für die Rot- oder Blaufärbung.

Die gepflanzte Mutterknolle hat Sprosse, Wurzeln und Ausläufer gebildet.

Kartoffelverwandtschaft

Wir kennen nur einen Bruchteil der Kartoffelverwandschaft. Mit ihren Wild- und Kulturarten verfügt die Kartoffel unter den Kulturpflanzen über die umfangreichste genetische Vielfalt.

Die knollentragenden Solanum-Arten, zu denen die Kartoffel gerechnet wird, haben ihr natürliches Verbreitungsgebiet in den Anden Südamerikas bis nach Mittelamerika. Es umfasst die Gebirge und Hochebenen der heutigen Staaten Argentinien, Chile, Bolivien, Peru, Ecuador, Kolumbien und Venezuela. Man unterscheidet etwa 220 Wildarten und acht Kulturarten. Die meisten besitzen den normalen doppelten Chromosomensatz. Es gibt aber auch Arten mit dem vierfachen, sechsfachen, drei- oder fünffachen Chromosomensatz. Die Kartoffel besitzt unter allen Kulturpflanzen die umfangreichste genetische Vielfalt. Die genaue botanische Einteilung ist immer noch in Bearbeitung.

Die Wildkartoffeln zeigen eine große ökologische Vielfalt und sind an eine Reihe extremer Standorte angepasst. Verschiedene Wildarten gedeihen im Bergregenwald, während andere frostige Temperaturen unter 0 °C überstehen oder an Halbwüstenklima angepasst sind. Sie besitzen meist lange Ausläufer. Ihre Knollen sind unregelmäßig geformt, klein wie Erbsen oder Kirschen, selten so groß wie ein Hühnerei. Der Gehalt an giftigem Solanin als Fraßschutz ist hoch, daher eignen sie sich nicht für den Anbau und Verzehr. Viele der Arten können sich untereinander kreuzen. In der Natur entstehen durch überlappende Vorkommen natürliche Hybriden. Nur wenige Arten sind gründlich erforscht, bei anderen ist noch unbekannt, welche nützlichen Eigenschaften sie tragen könnten. Aus der Wildart *Solanum demissum* kreuzte man eine Resistenz gegen das Blattrollvirus in moderne Sorten ein. Aus *S. spegazzinii* stammen Resistenzen gegen Kartoffelzystennematoden. Da immer wieder neue Krankheiten in unsere Anbaugebiete eingeschleppt werden, sichern die Wildarten als Quelle für Resistenzen und andere Eigenschaften die weitere Kultur der Speise-

Vorkommen der Kulturkartoffelarten in Südamerika.

Vielfalt in Gefahr

An vielen Naturstandorten in Südamerika sind die Wildarten vom Aussterben bedroht. Ihr Lebensraum schwindet durch wachsende Städte und Monokulturen. Der Schutz ihres natürlichen Lebensraumes ist daher dringend erforderlich. Es reicht nicht, die Wildarten in Genbanken aufzubewahren. Nur am natürlichen Standort, in Zusammenspiel mit den Umweltbedingungen, können sich die Pflanzen weiter anpassen. Variabilität steht nicht still, durch die Umwelt ergibt sich eine natürliche Selektion.

kartoffeln. Ebenso wichtig ist ihre Anpassung an unterschiedliche Lebensräume, um auf Klimaveränderungen reagieren zu können.

Kultivierte Arten

Neben den Wildarten in Süd- und Mittelamerika gibt es acht kultivierte Kartoffelarten. Das ist eine Besonderheit und hängt wohl mit der tausendjährigen Kultur der Kartoffel zusammen. Darunter sind z. B. *Solanum phureja*, *S. ajanhuiri*, *S. tuberosum* subsp. *andigena* und *S. tuberosum* subsp. *tuberosum*. Sie wurden schon vor mehreren Tausend Jahren von den Indios in Kultur genommen. Züchterisch nimmt die Unterart *tuberosum*, aus der unsere Kartoffelsorten hervorgegangen sind, eine Sonderstellung ein. Sie besitzt vier Chromosomensätze (tetraploid) – dies erschwert die Auslese bei der Züchtung neuer Sorten.

Die Bauern im Hochland praktizierten schon immer den Anbau von Diversität. Über 4000 regionale Sorten werden in der Andenregion kultiviert. Sie sind an die rauen Bedingungen in den Höhen von über 3000 m angepasst und dienen der Selbstversorgung, werden auf Märkten gehandelt und gehören zur indianischen Kultur. Durch Einfuhr und Anbau von Kartoffeln aus Nordamerika ging ein Teil der regionalen Vielfalt verloren. Diese klimatisch nicht angepassten Sorten bringen oft Missernten. Projekte des International Potato Center in Peru fördern die Rückgabe regionaler Sorten an die Bauern. Im Pisac Potato Park, einem Schutzgebiet in Peru, pflanzen die Bauern regionale Sorten. Damit können sie sich wieder selbst versorgen und bewahren ihr traditionelles Wissen, um in diesen Hochlagen zu überleben.

Eine Indiofrau erntet Kartoffeln im Hochland von Peru.

Ab in den Garten!

▶ Die folgenden Seiten beschreiben den Anbau von Kartoffeln im Garten. Sie werden sehen: Kartoffelanbau ist kinderleicht!

Welchen Boden die Kartoffel mag

Die Kartoffel zeigt wie kaum eine andere Pflanze eine breite klimatische Anpassungsfähigkeit. Im Norden Europas wird sie noch um Hammerfest in Lappland und auf den dänischen Faroer-Inseln angebaut. Im Süden wächst sie auch in den subtropischen Höhenlagen Nordafrikas bis Indien, wenn die Temperaturen nicht über 30 °C steigen. Begrenzend für den Anbau bleibt der Frost. Schon bei Temperaturen um 0 °C wird das Laub geschädigt, bei Temperaturen unter 0 °C erfrieren Laub und offen liegende Knollen. Durch Wahl einer kurzen Reifezeit können Kartoffeln trotzdem bis in Höhenlagen von 600 m angebaut werden.

Es gibt kaum einen Gartenboden, auf dem Kartoffeln nicht gedeihen. Auch wenn sie häufig auf sandigen Böden landwirtschaftlich angebaut werden, heißt das nicht, dass sie sandige Böden bevorzugen. Vom landwirtschaftlichen Anbau gesehen ist auf sandigen Böden nur der Getreideanbau schlechter, da bringt die Kartoffel höhere Erträge. Ideal für die Kartoffel ist ein humoser Boden mit Lehm und einem Sandanteil, denn ein solcher Mischboden stellt für das Wachstum genug Feuchtigkeit und Nährstoffe zur Verfügung. Überwiegt der Sand, wird der Boden im Frühjahr zwar schnell warm, trocknet aber auch schnell aus und bietet wenig Nährstoffe. Auf solch einem Standort sollte Kompost zugeführt werden, und bei Trockenheit ist Bewässerung notwendig. Tonige Böden sind schwer und wegen des Wassergehaltes lange kalt. Hier muss Luft und Wärme in den Boden gelangen. Dies gelingt durch Einarbeitung von Gründüngung und grobem Sand als Drainage. Auch auf torfigen Böden können Kartoffeln angebaut werden, wenn für einen Wasserabzug gesorgt wird.

Der durch Regen abgespülte Damm soll wieder angehäufelt werden.

Versorgung mit Nährstoffen

In der Einteilung von stark-, mittelstark- und schwachzehrendem Gemüse nimmt die Kartoffel eine Position zwischen Stark- und Mittelstarkzehrer ein. Mit reichlich Nährstoffen bildet sie große Knollen und viel Ertrag. Bei hoher Stickstoffversorgung bildet die Kartoffel weiche Blätter, die anfälliger sind für Krankheiten und Schädlinge; das Knollengewebe ist weich und wässrig. Die Knollen sind nicht lange lagerfähig. Im Hausgarten erntet man mit einer mäßigen organischen

Kartoffeldämme im Herbst anlegen

Auf schweren, nassen Böden bereitet man die Kartoffeldämme bereits im Herbst vor. Die Dämme werden etwa 20 cm hoch und 30 cm breit aufgeworfen. Der Frost bricht den schweren Boden auf, macht ihn krümelig und „gar". Durch die große Oberfläche und Neigung zur Sonne in Ost-West-Richtung trocknen die Dämme im Frühjahr schnell und werden besser erwärmt als eine ebene Beetfläche. Im Frühjahr zieht man die durch Regen abgespülten Dämme nur etwas nach und setzt die vorgekeimten Knollen in die Pflanzlöcher.

Düngung zwar nicht die allerdicksten, aber die schmackhaftesten Knollen.

Kartoffeln vertragen keinen frisch mit organischem Dünger versorgten Boden. Dies bezieht sich auf die Verwendung von Stallmist, was heute allerdings recht selten geworden ist. Wer Mist verwendet, arbeitet ihn im Herbst beim Umgraben flach in den Boden ein. Er lockert tonige, lehmige Böden und verbessert deren Bodenstruktur. Pro Quadratmeter verteilt man 3–4 kg Stallmist.

In den meisten Gärten ist Kompost vorhanden. Die Erde des Komposthaufens wird im Frühjahr durch ein grobes Sieb geworfen. Pro Quadratmeter werden auf dem Kartoffelbeet etwa 5 Liter Kompost ausgestreut und oberflächlich eingeharkt. Zur Blütezeit der Kartoffeln kann bei nährstoffarmen, sandigen Böden zusätzlich eine Menge von 2 Litern Kompost pro Quadratmeter zwischen die Reihen verteilt werden. Gießen mit verdünnter Brennnessel- oder Beinwell-Jauche ist wie eine Flüssig-Düngung. Durch Mulchen mit Rasen- oder Grünschnitt werden ebenfalls Nährstoffe zugeführt. Das Gießen mit Effektiven Mikroorganismen fördert das Bodenleben. Dies steht bei allen Pflegemaßnahmen im Vordergrund, denn ein intaktes Bodenleben mit Würmern, Bodenbakterien und Wurzelpilzen ernährt die Pflanze und macht ihr die Nährstoffe zugänglich.

Die Kartoffel zieht eine leicht saure Bodenreaktion vor. Bei einem Boden-pH-Wert unter 5,5 pH wird es notwendig, Kalk zu streuen. Kalkdünger wird im Jahr vor dem Kartoffelanbau in den Boden eingearbeitet.

Wer einen Überblick über den Nährstoffgehalt seines Gartenbodens bekommen möchte, sollte eine Bodenprobe bei einer der regionalen Untersuchungsanstalten analysieren lassen und bekommt dort eine Düngeempfehlung. Viele Gemeinden bieten den Service über ihre Umweltämter sehr günstig an.

Kompost fördert das Bodenleben und versorgt dadurch die Pflanzen mit Nährstoffen.

Wachstumsdauer der Kartoffeln nach Reifegruppen

REIFEGRUPPE	sehr früh	früh	mittelfrüh	mittelspät – spät
WACHSTUMS-TAGE	90–110	110–120	120–140	140–160
ERNTE	Juli	August	Anfang September	Mitte September/ Anfang Oktober
VERWENDUNG	Frischverzehr	Frischverzehr, lagern bis November	Frischverzehr, lagern bis Februar	Frischverzehr, lagern bis April

Wann ist Pflanzzeit?

Zuallererst: Man kann keinen Pflanztermin verpassen. Kartoffeln können in unseren Breiten ab Mitte April bis Anfang Mai ausgepflanzt werden, in warmen Regionen sogar schon ab Ende März. Die Frühlingssonne sollte den Boden bereits aufgewärmt haben. Fällt das Frühjahr kühl aus, lieber noch einige Tage abwarten – das ist besser für die Kartoffeln, als sie in zu kaltem Boden zu pflanzen. In dieser Zeit sollte man den Wetterbericht verfolgen: Wie entwickeln sich die Nachttemperaturen? Wird es noch Frost geben? Das Kraut der Kartoffeln erfriert schon bei −1 °C. Steht das Laub schon über der Erde und es ist Frost gemeldet, zieht man als Frostschutz mit dem Rechen Erde über die Stauden. Man kann das Kartoffelbeet auch mit Vlies abdecken. Kartoffeln, deren Laub erfroren ist, treiben meist aus den Trieben unter der Erde wieder aus, doch der Wachstumsvorsprung ist dann leider dahin.

Selbst Ende Mai bis Anfang Juni ist es noch nicht zu spät, um Kartoffeln zu pflanzen. Auch diese Knollen werden im September reif sein. In feuchten Sommern haben die spät gepflanzten Knollen leider mehr Probleme mit Krautfäule. Das Laub stirbt vorzeitig ab und die Knollen bleiben klein. Viele Hausgärtner pflanzen gerne so früh wie möglich, denn dann haben die Stauden schon Knollen angesetzt, sollte im August witterungsbedingt die Krautfäule die Stauden befallen. Zudem kann man nach der Kartoffelernte im August die frei gewordenen Beete für die Herbstkulturen von Endivien, Kohl und anderem Gemüse nutzen.

Was sind Pflanzkartoffeln?

Pflanzkartoffeln werden in Gartencentern, Raiffeisenmärkten oder Versandgärtnereien im Frühjahr ab Februar angeboten und sollten als solche gekennzeichnet sein. Saatkartoffeln oder Pflanzkartoffeln unterscheiden sich von Speisekartoffeln und werden von spezialisierten landwirtschaftlichen Betrieben angebaut. Es wird besonders darauf geachtet, dass Laub und Knollen frei bleiben von Krankheiten und Schädlingen. Die geernteten Knollen müssen amtliche Beurteilungen beim Pflanzenschutzdienst durchlaufen, in denen sie besonders auf Viruskrankheiten getestet werden. Wenn sie die Tests erfolgreich durchlaufen haben, erhalten sie eine amtliche Anerkennung als Pflanzkartoffeln. Wegen des höheren Aufwands sind Pflanzkartoffeln teurer als Speisekartoffeln. Es dürfen nur Pflanzkartoffeln der beim Bundessortenamt oder EU-Sortenamt zugelassenen Sorten in den Handel gebracht werden.

Wer selbst einige alte Sorten anpflanzt, die keine Sortenzulassung haben, muss die Knollen möglichst gesund erhalten. Dafür legt man von jeder Ernte eigene Knollen als Pflanzgut zurück. Um gesunde, sortentypische Knollen auszuwählen, werden die Stauden schon während des Wachstums beobachtet. Die Stauden dürfen keine Symptome von Viruserkrankungen wie Blattrollen oder Blattmosaik aufweisen. Gesunde Stauden mit einem Stock oder Bindfaden markieren. Mittelgroße Knollen dieser Stauden werden als Pflanzkartoffeln für das Folgejahr zurückgelegt. Pflanzknollen sollten besonders gut ausreifen.

Auf dem Sortenetikett sind diese Knollen als anerkanntes Pflanzgut gekennzeichnet.

Spätfrost überlisten

Ein Anbau unter Vlies und Folie schützt nicht nur gegen Spätfrost, sondern beschleunigt gleichzeitig das Pflanzenwachstum. Unter perforierter Schlitz- oder Lochfolie liegen die Luft- und Bodentemperaturen im März etwa 1–3 °C, im April 3–5 °C höher gegenüber dem Freiland. Die Folie bleibt solange auf dem Beet, bis keine Nachtfrostgefahr mehr besteht. Auf perforierte Folie kann sogar gegossen werden, wenn es trocken ist.

Ein Angrünen macht sie im Lager widerstandsfähiger gegen Pilzkrankheiten. Zudem wird die Keimbereitschaft über Winter herabgesetzt und das Auflaufen im Frühjahr einheitlicher. Dazu lässt man die geernteten Pflanzknollen 10–14 Tage bei gedämpftem Tageslicht liegen, bis die Schale sichtbar grün geworden ist. Die weitere Lagerung erfolgt wie die der Speisekartoffeln kühl und dunkel bei 4–6 °C.

Wer einfach spontan den Anbau von Kartoffeln ausprobieren möchte, kann die im Gemüsefach ausgekeimten Speisekartoffeln setzen. Äußerlich gesunde Knollen, die Keime zeigen, können zum Pflanzen genutzt werden. Dieser „Nachbau" ist ohne Weiteres möglich. Setzt man das Pflanzen der eigenen Kartoffeln über Jahre fort, wird man aber bemerken, dass der Ertrag immer geringer wird.

Vorkeimen und Knollen bewurzeln

▶ Schon am Ende des Winters zeigen die Knollen ihre Keimbereitschaft. Daraus kann man durch Vorkeimen und Vorbewurzeln einen Wachstumsvorsprung erhalten.

Als Pflanzkartoffeln wählt man gleichmäßig große, gesunde Knollen aus. Sie sollen ungefähr die Größe eines Hühnereis haben. Kleinere Knollen können auch gepflanzt werden, sie bilden jedoch oft nur einen Keim. Die Kartoffelkultur beginnt mit nahendem Frühjahr Ende Februar/Anfang März mit dem Vorkeimen. Die im Dunkeln an den Knollen gewachsenen langen, blassgelben Keime sind ungeeignet zum Pflanzen und werden vorsichtig mit einer drehenden Bewegung entfernt. Legen Sie nun die Knollen mit den Augen nach oben dicht nebeneinander in flache Kisten oder Eierkartons. Vergessen Sie nicht, die Sortennamen dranzuschreiben. Mit der Keimung schrumpeln die Knollen stark und die Schale wird grün, sodass man auch rote und blaue Sorten kaum mehr voneinander unterscheiden kann. Die Kisten und Schalen hell, aber nicht sonnig, bei Temperaturen von 10–15 °C aufstellen. Werden die Kisten gestapelt, sollten alle Knollen noch genügend Licht bekommen. Innerhalb von drei bis vier Wochen bilden sich 2–3 cm kurze, gedrungene Keime, die fest an den Knollen sitzen. Ideal sind mindestens zwei bis drei starke Keime am oberen Ende der Knolle. Man kann an ihnen schon Blättchen und Wurzelanlagen erkennen. Durch das Vorkeimen erhalten die Knollen einen Entwicklungsvorsprung von etwa zwei Wochen gegenüber nicht vorgekeimten.

Die kurzen, im Licht gewachsenen Keime sitzen fest an den Knollen. Man erkennt Blättchen und Wurzelanlagen.

In einer Handvoll Erde um die Knollen bilden sie Keime und Wurzeln.

Die Vorkultur im Topf empfiehlt sich für kühle Regionen mit späten Frösten. Das Umpflanzen vertragen die Kartoffeln gut.

Vorbewurzelung

Einen weiteren Entwicklungsvorsprung bietet die Kombination von Vorkeimung und Vorbewurzelung, auch wenn dies mit einem höheren Arbeitsaufwand verbunden ist. Mit so vorbehandelten Knollen lässt sich ein Entwicklungsvorsprung von etwa vier Wochen erzielen, verglichen mit nicht bewurzelten Knollen.

Man stellt die ausgewählten Pflanzkartoffeln wie beim Vorkeimen in Eierkartons oder Kisten. Hierbei soll genug Platz sein, Pflanzerde um die Knollen einzufüllen. Das Kopfende der Knollen kann noch aus der Erde rausgucken. Die Erdabdeckung fördert zusätzlich zur Keimung die gleichzeitige Wurzelbildung. Die Kisten werden hell bei 10–15 °C aufgestellt. Alle 5–6 Tage muss die Erde vorsichtig gegossen werden, denn die Wurzeln dürfen nicht austrocknen. Durch die Behandlung bildet sich ein Wurzelballen an den Keimen. Die Pflanzung im Beet muss entsprechend vorsichtig erfolgen, um keine Wurzeln oder Keime abzubrechen. Die Knollen sollen in einen gut erwärmten Boden gepflanzt werden, damit keine Wachstumsstockung eintritt. Man kann die Knollen auch gleich in Töpfe mit Erde setzen und so lange im Topf kultivieren, bis sie die ersten grünen Triebe gebildet haben. Die Kartoffeln vertragen das Umpflanzen gut. Diese Art der Topfkultur kann man wählen, wenn das Kartoffelbeet oder das Hochbeet als endgültiger Pflanzort noch nicht fertig vorbereitet ist, man aber die Kartoffeln schon vorziehen möchte. Auch in kühlen Regionen kann man so abwarten, bis sich der Boden ausreichend erwärmt hat.

Pflanzknollen schneiden und äugeln

▶ Zum Wachsen benötigt die Kartoffel nur ein Stück Knolle und einen Keim. In schlechten Zeiten hat man sogar schon dicke Kartoffelschalen gepflanzt.

Das Schneiden von Pflanzknollen ist nicht notwendig, wenn ausreichend Knollen vorhanden sind. Es wurde in Notzeiten angewendet, wenn der Kartoffelvorrat im Frühjahr zur Neige ging, um noch Kartoffeln für die Nahrung und Tierfütterung zu haben. Die großen Knollen wurden quer durchgeschnitten. Die Kronenhälfte, auf der die meisten Augen liegen, wird gepflanzt, während das Schnittstück mit dem Nabelende zum Essen dienen konnte.

Aus eins macht sechs: Mit einem scharfen Messer wird die Knolle in Teilstücke mit je mindestens einem Auge geteilt.

Man kann Knollen durchschneiden, um bei teuren Pflanzkartoffeln die Anzahl an Stauden zu erhöhen. Damit die zu pflanzenden Kartoffelhälften gleich viele Augen erhalten, werden dafür die Knollen längs durchgeschnitten. Während sie zum Vorkeimen ausgelegt werden, heilt die Schnittwunde ab und verkorkt. Frisch geschnittene Knollen sollten nicht gepflanzt werden, die Schnittstellen könnten im Boden faulen.

Unter „äugeln“ versteht man das Zerschneiden der Pflanzkartoffeln in kleine Stücke mit je einem Auge. Das Auge wird zylinderförmig mit einem Stück Knollenfleisch ausgeschnitten. So lassen sich aus einer Knolle 6–8 Teilstücke gewinnen. Die Teilstücke sollten gut abtrocknen und erst in Töpfe gepflanzt werden. Erst nach erfolgter Bewurzelung und Austrieb werden sie mit etwas dichterem Pflanzabstand von 20 cm ins Beet gesetzt. Das Äugeln kann man einsetzen, wenn nur wenige Knollen einer Sorte vorhanden sind, um diese zu vermehren.

Die Kartoffelstücke mit den Keimen nach oben in kleine Töpfe mit Pflanzerde setzen. Hell, bei Temperaturen zwischen 15 und 20 °C aufstellen.

Wenn sich die Sprosse kräftig entwickelt haben, kann das Teilstück gepflanzt werden. Hier wurde die Erde ausgewaschen, um die Wurzelentwicklung zu zeigen.

Sobald die Triebe lang genug sind, werden etwa 20 cm lange Kopfstecklinge geschnitten.

Die Triebe werden am Topftisch gekürzt, die unteren Blätter entfernt und in Anzuchterde eingetopft.

Mehr Stauden durch Stecklinge

▶ Kartoffeln lassen sich auch durch Triebstecklinge vermehren. Dadurch gewinnt man zusätzliche Pflanzen, die bis zum Herbst auch noch Knollen produzieren.

Die Kartoffelpflanze muss dafür zunächst gewachsen sein und mehrere Triebe gebildet haben. Ende Mai bis Anfang Juni sind die Triebe lang genug. Die Stecklinge werden geschnitten, bevor sich die Blüten bilden. Man wählt dafür Stauden mit mehreren Trieben und gesundem, kräftigem Laub aus. Die Kopftriebe werden mit einem scharfen Stecklingsmesser 15–20 cm lang unter einem Blattknoten abgeschnitten.

Wer seine Geranien selbst vermehrt, kennt die Vorgehensweise. Auf dem Arbeitstisch werden die unteren Blätter am Spross mit dem Messer entfernt. Als Erde verwendet man sterile Anzuchterde, die in kleine Töpfe gefüllt wird. Die Stecklinge werden einzeln oder zur dritt in die Erde gesteckt. Danach die Töpfe mit einer Abdeckung warm bei 18–20 °C aufstellen. Kartoffelblätter werden recht schnell schlapp. Ein kleines Anzucht-

Drei Stecklinge werden pro Topf in die Erde gesteckt. Bis sie Wurzeln gebildet haben, werden sie auf der Fensterbank im Haus im Anzuchtgewächshaus oder unter einer Plastiktüte kultiviert.

Kartoffel-Stecklinge treiben auch ohne Erde in einem Wasserglas Wurzeln. Die Wurzelbildung in Erde erfolgt aber schneller.

gewächshaus oder auch ein übergestülptes Glas sorgt für hohe Luftfeuchtigkeit. Ab und zu das Glas lüften, damit an den feuchten Blättern keine Fäulnis entsteht. Schon nach 10–14 Tagen haben sich an den Stängeln Wurzeln gebildet. Ungefähr drei Wochen später können die bewurzelten Sprosse nach einer Gewöhnungsphase in das Beet oder in einen größeren Topf gepflanzt werden. Stecklinge, die in ein Glas mit Wasser gestellt werden, bilden ebenfalls neue Wurzeln.

Durch die Stecklingsvermehrung kann man wertvolle Sammlersorten vermehren, von denen man nur wenige Knollen bekommen hat. Wer langjährig seine Lieblingssorten aus eigenen Knollen nachbaut, kann bei einigen Pflanzen Virusbefall feststellen. Sind darunter einzelne Pflanzen mit noch gesundem Laub, werden diese durch Stecklinge vermehrt. Entfernen Sie die Pflanzen, die Zeichen von Virusbefall zeigen, aus dem Beet. Durch saftsaugende Blattläuse würden sie die gesunden Pflanzen anstecken.

Kartoffeln aussäen – vom Samen zur Knolle

▶ In den Anfängen der Kartoffelkultur im 16. bis 18. Jahrhundert wurde in den botanischen Gärten die Aussaat häufiger zur Vermehrung genutzt. Heute säen nur die Kartoffelzüchter Samen aus.

Wir sprechen zwar von „Kartoffelsaatgut", meinen jedoch die Knollen der Pflanzkartoffeln. Die Kartoffel bildet aber auch echte Samen. Die meisten Kartoffeln setzen nach der Blüte grüne Beeren an. Diese Früchte enthalten kleine, gelbe Samenkörner. Die Beeren werden geerntet, sobald sie weich geworden sind. Zur Samengewinnung die Beeren zerschneiden, die Samen herausquetschen und einen Tag in einem Glas mit wenig Wasser vergären. So löst sich das anhaftende Fruchtfleisch ab, wie man es auch von Tomatensamen kennt. Anschließend die Samen auf einem Sieb abspülen und trocknen lassen. Das getrocknete Saatgut dann in Filmdosen oder Papiertüten an einem kühlen Ort oder im Kühlschrank bis zur Aussaat aufbewahren. Nicht vergessen, den Namen der Muttersorte aufzuschreiben, von der der Samen stammt.

Manche Sorten setzen reichlich Kartoffelbeeren an. Sie werden gesammelt, mit Sortennamen beschriftet und aufbewahrt, bis sie weich sind.

Die Aussaat und Pflanzenanzucht erfolgen wie bei Tomaten: Die Samen ab Februar in einer Pikierkiste oder einem größeren Blumentopf auf der Fensterbank oder dem Frühbeet bei 18–20 °C in Anzuchterde mit etwas Abstand aussäen. Das feine Saatgut vorsichtig angießen, nach der Aussaat nicht austrocknen lassen. Nach der Keimung und Entwicklung der ersten Blättchen die Pflänzchen in größere Töpfe vereinzeln, bei Temperaturen von 15–18 °C aufstellen. Die kleinen Kartoffelpflanzen können nach den Eisheiligen ausgepflanzt werden. Besser kultiviert man sie in größeren Töpfen. Die Knollen werden im ersten Jahr hasel- bis walnussgroß. Erst im zweiten Jahr erreichen sie ihre sortentypische Größe. Damit die kleinen Saatknollen über Winter nicht zu viel Wasser verdunsten und schrumpeln, hat sich die Aufbewahrung im Gemüsefach des Kühlschrankes bewährt.

Durch die Nachzucht aus Samen können die am häufigsten auftretenden Viruskrankheiten eliminiert werden. Sie sammeln sich bei langem Nachbau von eigenem Pflanzgut an und führen zu den bekannten Abbauerscheinungen. Die Eigenschaften der Ursprungssorte gehen allerdings dabei verloren. Die Nachkommen spalten auf, weil die Kartoffel mischerbig ist. Das ist ein interessantes Experiment, besonders mit Samen von bunten Sorten. Hier ist auch schon an wenigen Sämlingen eine Aufspaltung der Erbanlagen zu erkennen. So tauchen neue Schalenfarben auf oder andere Knollenformen. Im Vergleich mit ihrer Muttersorte ist zu erkennen, wie mischerbig die Kartoffel ist. Die Sorten sind in sich nur einheitlich, weil die Knollen einer Sorte vegetativ vermehrt werden.

Die Samen werden aus den aufgeschnittenen Beeren herausgequetscht und wie Tomatensamen in Wasser vergoren, nach zwei Tagen getrocknet und in Papiertütchen aufbewahrt.

Kartoffelsämlinge sind viel kleiner als Tomatenpflänzchen. Die Aussaat ist einfach, die Samen keimen ohne Probleme.

Jetzt wird gepflanzt!

▶ Die Kartoffel-Pflanzaktion ist besonders für Kinder spannend. Im Frühjahr wird eine Knolle versteckt und im Herbst können 15 bis 20 neue Knollen geerntet werden.

Zum Pflanzen sucht man Knollen aus, die etwa so groß sind wie ein Hühnerei (50–80 g). Bei Kipfler-Sorten und den Fingerling-Sorten sind die Knollen meist kleiner. Hat man viele Knollen unter 3 cm Durchmesser, legt man davon zwei bis vier in ein Pflanzloch. Um einen raschen und gleichmäßigen Aufgang zu erreichen, keimen Sie die Knollen 3–4 Wochen vor dem Pflanzen an einem hellen Ort bei Temperaturen von 12–15 °C vor.

Vor dem Pflanzen wird der Boden im Beet mit dem Sauzahn oder Kultivator gelockert. Mit der Harke wird die Oberfläche eingeebnet. Entlang einer Pflanzleine können gerade Reihen gezogen werden. Für Kartoffeln im Hausgarten empfehlen sich Reihenabstände von 45–60 cm. Der Pflanzabstand in der Reihe sollte zwischen 30–35 cm betragen.

Alte Sorten bilden meist hohe Triebe und viel Laub. Moderne Sorten haben einen gedrungenen Wuchstyp. Sie bilden lediglich kleine, kugelige Büsche, die die Reihen erst spät dicht machen. Sehen Sie für hohe Pflanzen weitere Abstände vor, damit ihr Laub nach Regen schnell abtrocknet.

Je nach Vorliebe unterscheiden sich zwei Pflanzverfahren: Man kann eine Furche für eine ganze Reihe ausheben oder in der Reihe für jede Kartoffel mit der Handschaufel einzeln ein Loch graben. In der Furche lassen sich die Pflanzabstände nach dem Auslegen noch nachträglich korrigieren. Ansonsten macht das Vorgehen keinen Unterschied. Es sollte nicht zu flach gepflanzt werden, wenn man mit der Handschaufel arbeitet. Sonst drücken sich die neuen Knollen aus der Erde heraus und werden grün.

Entwicklung der Kartoffel im Jahreslauf.

Das Kartoffelbeet Ende Mai: Die Erde um die Pflanzen wurde zum ersten Mal angehäufelt. Die Triebe können bis unter die ersten Blätter mit Erde zugeharkt werden.

Legen in Furchen

Entlang einer Pflanzleine wird mit der Hacke oder dem Häufelpflug eine etwa 15 cm tiefe Furche gezogen. Die Kartoffeln werden mit den Keimen nach oben im Abstand von 30–35 cm in die Furche gesteckt. Danach mit der Harke die Erde über die Kartoffeln ziehen. Angehäufelt wird erst, wenn die Triebe etwa handhoch über der Erde stehen.

Das Kartoffelbeet benötigt einen sonnigen Standort mit viel Licht. Beschattung wie zum Beispiel durch Bäume vertragen die Pflanzen nicht.

In der ausgeworfenen Furche lassen sich die Pflanzabstände korrigieren, wenn man die Knollen zu eng oder zu weit gelegt hat.

Pflanzlöcher

An der Pflanzleine wird die Reihe markiert. Entlang der Leine werden mit der Pflanzschaufel einzeln Löcher im Abstand von 30–35 cm ausgehoben und die vorgekeimten Knollen mit den Keimen nach oben hineingelegt. Die Pflanztiefe beträgt 15–20 cm.

Sind die Stauden etwa 20 cm hoch, häufelt man sie an. Das ist für beide Pflanzverfahren gleich. An den mit Erde zugeworfenen Trieben bilden sich zusätzliche Wurzeln und Tochterknollen. Der Damm schützt die neu gebildeten Knollen vor Sonnenlicht, sodass sie nicht grün werden.

Beim Pflanzen mit der Schaufel darauf achten, dass die Pflanzlöcher tief genug ausgehoben werden. In schweren Böden wird flacher gepflanzt.

Kartoffeln im Hochbeet

▶ Wer Kartoffeln rückenschonend im Stehen ernten möchte, legt sich dafür ein Hochbeet an. Die Starkzehrer sind die ideale Erstbepflanzung für ein neues Hochbeet.

Wenn man ein 80 cm hohes Beet frisch mit grobem Strauchschnitt, grobem Kompost und Erde befüllt hat, ist es sehr gut mit Nährstoffen versorgt. Für Salat und Radieschen wäre das viel zu viel. Daher bietet es sich an, zuerst starkzehrende Gemüse anzupflanzen, wie Kartoffeln oder Kohl.

Wird das Hochbeet im Frühjahr aufgeschichtet, können ab Ende April die Kartoffeln eingepflanzt werden. In ein Hochbeet von 2 × 1,20 m Fläche können in sechs Reihen mit 35 cm Abstand und drei Pflanzen pro Reihe 18 Knollen gesetzt werden. Man markiert die Reihen vor und pflanzt mit der Handschaufel die vorgekeimten Knollen 15–20 cm tief ein. Die Knollen profitieren von der Zersetzungswärme im Wurzelbereich, die sich im Hochbeet über die ersten sechs Wochen einstellt. Es muss allerdings an die Bewässerung gedacht werden. Im Hochbeet ist die Kapillarwirkung, das Nachziehen von Bodenwasser aus dem Untergrund, nicht mehr gegeben. Das Hochbeet muss wie ein

Querschnitt durch ein Hochbeet

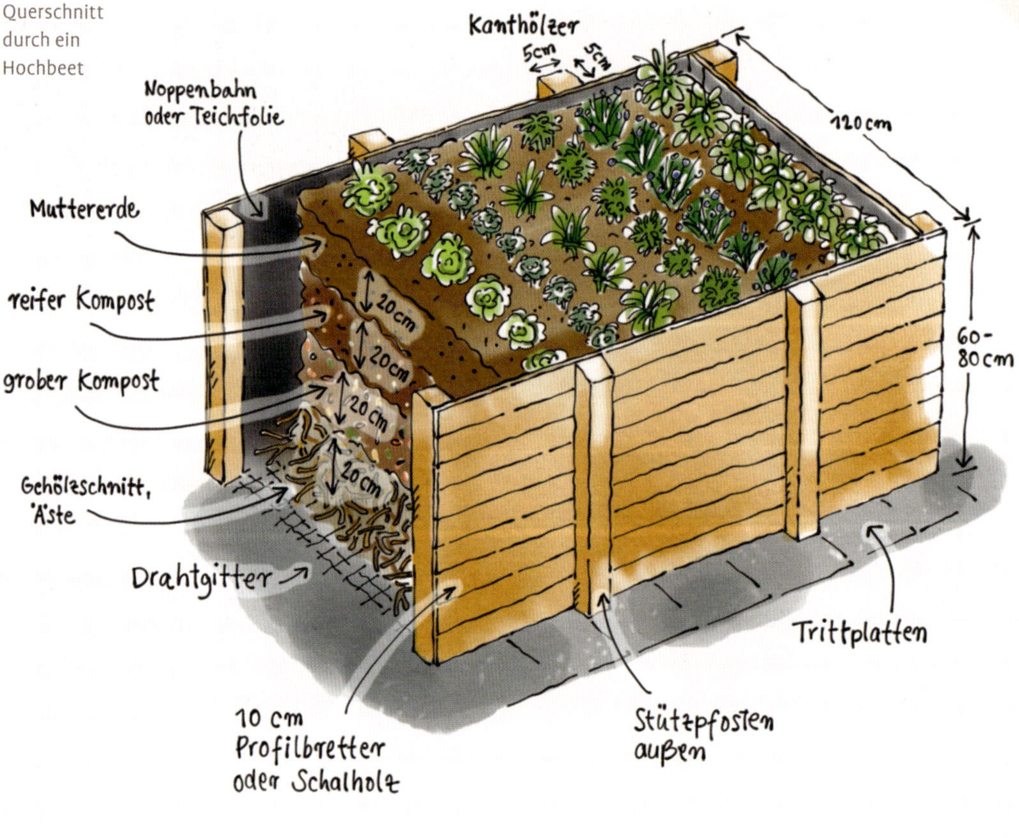

Einfacher ist die Hochbeet-Bepflanzung, wenn nur Kartoffeln gesetzt werden. So haben sie keine Konkurrenz durch andere Pflanzen.

Kartoffeln im Hochbeet mit Paprika und Sommerblumen. Die Kartoffelstauden an die Beet-Ecken setzen, dort bekommen sie viel Licht und werden nicht überwachsen.

Kartoffeln ernten im Stehen: Im Hochbeet lässt es sich rückenfreundlich arbeiten.

Kübel bei Trockenheit bewässert werden. Wer unsicher ist, ob das Hochbeet trocken ist, bohrt mit dem Finger in die obere Bodenschicht und fühlt, ob es noch feucht ist. Dann mit der Gießkanne oder dem Wasserschlauch an die Pflanzenwurzeln gießen. Nicht das Laub übersprühen, das kann die Krautfäule begünstigen. Wer schon beim Bau des Hochbeetes eine automatische Bewässerung verlegt, kann sich das Heben der Kannen sparen. Sollen die Kartoffeln mit anderem Gemüse in Mischkultur auf dem Hochbeet gepflanzt werden, wählt man für die Kartoffeln die äußeren Reihen oder die Beet-Ecken. Hier stehen die Kartoffelstauden luftig und sonnig, wie sie es mögen. Für den Anbau sind besonders die sehr frühen und frühen Sorten zu empfehlen sowie die Sarpo-Sorten 'Blaue Donau', 'Sarpo Axona' oder 'Sarpo Shona', die widerstandfähig sind gegen Krautfäule.

Kartoffeln in Kübeln & Töpfen

▶ Wer kein Gartenbeet hat, sondern nur Platz auf der Terrasse und dem Balkon, kann Kartoffeln in Kübel pflanzen. Container-Gärtnern erfreut sich übrigens steigender Beliebtheit.

Ein Gefäß sollte mindestens 15–20 Liter Volumen haben. Es eignen sich auch Holzkisten, die etwa 30 cm hoch sind, Bäckerkisten aus Kunststoff oder Pflanzsäcke. Einen Mörtelkübel bekommt man günstig im Baumarkt. Er fasst 40–90 Liter und lässt sich mit seinen Handgriffen gut transportieren.

Kontrollieren Sie, ob die Gefäße mindestens ein oder mehrere Löcher im Boden als Wasserablauf haben. Als unterste Schicht wird 5 cm Blähton oder Kies als Drainage eingefüllt. Darauf wird torffreie Erde für Hochbeete oder Gemüseanbau gefüllt, die schon entsprechend vorgedüngt und gekalkt ist. Pro Kübel werden drei bis fünf Knollen gesetzt. Man kann auch die Speisekartoffeln aus dem Gemüsefach zum Pflanzen nehmen, die schon keimen: Die Knollen in die lockere Erde mit der Hand oder Pflanzkelle 15 cm tief einsetzen. Sind die Kartoffeltriebe gewachsen und hat sich die Erde gesetzt, kann aufgefüllt werden.

Die Kartoffelpflanzen im Topf sollten nicht in der prallen Sonne stehen. Besonders in schwarzen Eimern erhitzen sich Erde und Wurzeln stark. Kontrollieren Sie bei allen Pflanzen im Kübel an warmen Tagen, ob sie gegossen werden müssen. Bei Regen sind die Kübel dankbar für ein Überdach, so schützt man die Stauden vor Krautfäule. Manche Sorten blühen reichlich mit blauen oder rosa Kartoffelblüten. Wenn das Laub abstirbt, können die Knollen geerntet werden. Kinder haben besonders Spaß daran, die Kübel auszuleeren.

Kartoffeln wie Sommerblumen in Töpfe gepflanzt.

Eine Mahlzeit bunter Knollen aus dem Topf.

Kartoffeln im Gewächshaus

▶ Den Schutz eines Gewächshauses oder Folientunnels benötigen Kartoffeln eigentlich nicht. Viele Gewächshäuser stehen aber leer, bis die Tomaten gepflanzt werden. Diese kann man vorher für Kartoffeln nutzen.

Einzige Bedingung: Es muss tagsüber und nachts frostfrei bleiben. Das ist je nach Region ab Ende Februar der Fall. Für den Anbau einiger Stauden eignen sich sehr frühe Sorten mit einer Kulturzeit von etwa 90 Tagen. Sie werden entsprechend früher, ab Ende Januar, vorgekeimt.

Im Gewächshaus werden sie an einen eher schattig bleibenden Platz gesetzt, der gut gelüftet werden kann. Die Temperaturen sollten nicht über 30 °C ansteigen, denn bei Hitze hören Kartoffelknollen auf zu wachsen. Das kann mit der Aprilsonne im Gewächshaus schnell erreicht werden. Durch die Wärme entwickelt sich das Kraut sehr üppig, es wächst viel höher als im Beet draußen. Die Triebe lieber anbinden, bevor sie umkippen. Anfang bis Mitte Mai pflanzt man dann die Tomaten ins Gewächshaus, sodass sich die Kulturdauer der beiden Nachtschattengewächse überlappt. Unter Dach ist die Ansteckungsgefahr durch Krautfäule aber nicht von Bedeutung, solange die Blätter beider Kulturen trocken gehalten werden. Bringen Sie das Gießwasser also direkt an die Pflanzenwurzeln und sprühen Sie es nicht auf die Blätter. Die Nährstoff- und Wasserversorgung ist im Gewächshaus meist optimal. Eine Gabe Kompost von 3–5 Litern pro Quadratmeter versorgt die Kartoffeln mit genügend Nährstoffen. Die Knollen für ein bis zwei Mahlzeiten frische Frühkartoffeln können etwa Anfang Juni geerntet werden.

Im Frühjahr wird das Gewächshaus für Frühkartoffeln und Frühgemüse wie Salat, Rucola oder Kohlrabi genutzt.

Das Pflegeprogramm

Der Kartoffelanbau ist etwas für intelligente faule Gärtner, wie Karl Foerster über Staudengärtner schrieb. Verglichen mit anderen Kulturen benötigen Kartoffeln nämlich wenig Aufmerksamkeit.

Die Kartoffel gehört zu den Hackfrüchten – durch das Hacken wird das Unkraut entfernt. Es überwächst sonst in den noch offenen Reihen die jungen Stauden und nimmt ihnen Licht und Nährstoffe. Das hängt mit den weit auseinanderliegenden Pflanzreihen zusammen, die durch die Kartoffelblätter erst einmal beschattet werden müssen. Das Hacken lockert und durchlüftet schwere Böden, auf leichten Böden hält die flache Bodenbearbeitung das Wasser im Boden. Die Kapillarröhrchen, in denen das Bodenwasser nach oben steigt, werden unterbrochen. Mit dem Hacken der Reihen werden die Stauden

Mit dem Grubber kann gehäufelt werden. Gleichzeitig wird die Erde gelockert und das Unkraut ausgezogen.

zugleich angehäufelt, mehrere Arbeitsziele werden so gleichzeitig erreicht. Je nach Vorliebe kann man mit unterschiedlichen Gartengeräten häufeln. Man führt es sorgfältig aus, damit die Stauden nicht im Wurzelbereich oder an den Trieben beschädigt werden. Die Stauden sind beim ersten Anhäufeln etwa 20 cm hoch. Die lockere Erde legt sich um die unteren Stängelteile, was die Bildung von Seitenwurzeln und zusätzlichen Stolonen anregt, an denen weitere Knollen gebildet werden. Nach zweimaligem Anhäufeln sollten die Stauden in ihrer Entwicklung nicht mehr gestört werden. Aufwachsendes Unkraut kann mit der Hand gezogen werden. Freiliegende Knollen sollten mit Erde bedeckt werden, damit sie nicht grün werden. Der Boden zwischen den Kartoffelreihen wird mit Rasenschnitt oder Grünhäcksel gemulcht. Dadurch wird Unkraut unterdrückt und der Boden bleibt feucht. Als Kultur zwischen den noch offenen Reihen empfehlen sich nur ganz schnell wachsende Radieschen oder Pflücksalat. Wenn das Kartoffellaub sie beschattet, haben sie das Nachsehen, die Radieschen bilden dann keine Knollen. Abgesehen von regelmäßigen Kontrollen auf Krankheiten und Schädlinge hat der Gärtner jetzt eine Arbeitspause.

Ausgestreuter Rasenschnitt als Mulch zwischen den Kartoffeln hält den Boden feucht und fördert das Bodenleben.

Wasserversorgung

Im Vergleich mit anderem Gemüse wie Tomaten oder Gurken benötigen Kartoffeln nicht viel Wasser für ihr Wachstum. Die meiste Feuchtigkeit brauchen sie während des Knollenwachstums im Sommer. Nach Blühbeginn, für Frühsorten im Juni/Juli, für späte Sorten im August, sollten sie nicht unter Trockenheit leiden. Die Wasserversorgung in dieser Zeit entscheidet über die Anlage der Knollen und ihre Größe. Im Hausgarten kann bei Trockenheit durchdringend gegossen werden. Wenn man sich ein Kartoffelwetter wünschen könnte, wäre es zur Pflanzzeit warm und trocken, im Juni mit einigen ergiebigen Regenschauern, gefolgt von trockenem Wetter. Bei schwüler Hitze und Gewitterregen tritt Krautfäule auf. Ab August darf ein abklingender Spätsommer mit kühleren Temperaturen zur Reife einsetzen. Ernten möchte man an trockenen Tagen im September.

Pioniergemüse

Kartoffeln eignen sich als erstes Gemüse bei Anlage eines neuen Gartens. Wenn ein Haus neu gebaut wurde, der Garten neu anzulegen ist, schafft die Aussaat einer Gründüngung im Herbst die Voraussetzung für guten Boden. Ist diese abgefroren und in den Boden eingearbeitet, können Kartoffeln gepflanzt werden. Diese hinterlassen im Herbst einen krümeligen Boden, auf dem neue Beete mit Gemüse oder Stauden angelegt werden können. Will man eine Rasenfläche in ein Beet verwandeln, kann man ebenso verfahren.

Fruchtfolge

Die Kartoffel gehört wie die Tomaten zu den selbstverträglichen Pflanzen. Man könnte also mehrere Jahre hintereinander auf dem gleichen Beet Kartoffeln anbauen. Das ist trotzdem nicht ratsam, denn es könnten sich Schädlinge wie Bodenälchen anreichern. Die Kartoffel lässt sich gut in eine vierjährige Fruchtfolge eingliedern. Eine Vierteilung der Beete hat sich beim Gemüseanbau bewährt. Ein Beet kann ganz für die Kartoffeln reserviert werden.

Eine gute Vorkultur zu Kartoffeln sind Leguminosen wie Erbsen, Bohnen und Lupinen, die in Symbiose mit an den Wurzeln lebenden Knöllchenbakterien Stickstoff aus der Luft sammeln. Im Herbst wird das Kraut der Leguminosen abgeschnitten und die Wurzeln im Boden belassen. Die oberirdischen Pflanzenteile werden auf dem Beet als Flächenmulch ausgebreitet. Sie bedecken den Boden über Winter und verrotten. Im nächsten Frühjahr werden die Pflanzenreste eingearbeitet. Gründüngungspflanzen wie Senf, Ölrettich oder Bienenfreund (*Phacelia*), die im Spätsommer ausgesät werden, liefern ebenfalls einen Teil des Nährstoffbedarfs und schützen im Winter die unbedeckten Beete vor Nährstoffauswaschungen.

Wenn die Kartoffeln blühen, beginnt das Wachstum der Knollen unter der Erde.

Kartoffeln sind für andere Gemüse eine gute Vorfrucht, denn mit ihrem Laub beschatten sie den Boden. Diese „Schattengare“ ist spürbar an dem feinkrümeligen, durchwurzelten, unkrautfreien Boden. Wenn das Beet im August, spätestens Anfang September nach der Kartoffelernte frei wird, gedeihen hier noch hervorragend Herbstkulturen wie Salat, Endivien, Herbstrüben oder Kohlpflanzen wie Brokkoli, Wirsing und Grünkohl. Die enge Nachbarschaft zu Tomaten sollte gemieden werden, da beide Pflanzen von Krautfäule befallen werden.

Nützliche Gartengeräte

▶ Mit zweckmäßigem Werkzeug macht die Gartenarbeit mehr Spaß. Die Geräte sind nicht kartoffelspezifisch, sie werden im gesamten Garten für alle Arbeiten eingesetzt.

Spatengabel, Grabegabel

Sie hat im Unterschied zu einer Mistgabel mit spitzen Zinken vier flache Zinken mit Spitze. Sie dienen zum Lockern des Bodens, auch ohne ihn zu wenden, und zur Ernte der Kartoffeln.

Sauzahn

Wie ein Kultivator, jedoch mit nur einer sichelförmig gebogenen Zinke, zum mitteltiefen Lockern des Bodens, ohne ihn zu wenden.

Metallharke

Zum Glätten der Beetoberfläche, um dicke Erdkluten zu zerkrümeln, vor dem Pflanzen oder Aussäen, zum Zusammenrechen von Blättern und Grünmasse.

Häufler

Zum Ziehen von Pflanzrinnen und Häufeln der Kartoffeln, auch zum Anhäufeln von Topinambur, Spargel, Lauch und Buschbohnen.

Ziehhacke, Rahmenhacke

Zur flachen Bodenbearbeitung, um Unkraut loszuhacken, um beim Häufeln Erde an die Stauden heranzuziehen, zur Pflege von Mulchwegen.

Pflanzleine

Mit etwa 10 Meter Juteschnur, zum Abstecken der Reihen für Aussaaten oder Pflanzungen.

Eimer, Drahtkorb

Für die Kartoffel- und Gemüseernte, zum Einsammeln von Unkraut.

Wann sind die Kartoffeln reif?

▶ Bei den Kartoffeln ist es wie bei den Äpfeln: Es gibt frühe und späte Sorten. Die Frühkartoffeln sind die ersten, die geerntet und gleich gegessen werden.

Frühkartoffeln können ab Anfang Juli geerntet werden, selbst wenn das Kraut noch grün ist oder sich gerade von grün nach gelb umfärbt. Da der Ertragszuwachs pro Tag relativ hoch ist, sollen immer nur so viele Stauden ausgegraben werden, wie Knollen frisch in der Küche verbraucht werden. Die Kartoffelschale ist noch nicht fest und verkorkt, sie lässt sich mit dem Finger abrubbeln. Dann sind die Knollen besonders zart, aber nicht lange zu lagern. Sie schmecken frisch am besten.

Frühkartoffeln können geerntet werden, wenn sich das Laub von grün nach gelb verfärbt.

Mittelfrühe und mittelspäte–späte Kartoffeln sind erntereif, wenn das Kraut vollkommen abgestorben ist. Die Kartoffelschale ist dann so fest, dass sie sich mit dem Finger nicht mehr abreiben lässt. Sie ist verkorkt, schützt die Knolle vor Verdunstung und eignet sich zum Einlagern. Knollen mit fester Schale lassen sich mehrere Monate aufbewahren, ohne an Qualität zu verlieren. Nachdem das Kartoffelkraut abgestorben ist, bleiben die Knollen noch zwei bis drei Wochen im Boden und reifen nach. Während dieser Nachreife wird die Schale fest. Geerntet wird etwa ab Mitte September bei trockenem Wetter. Mit einer Kartoffelhacke oder Grabegabel wird der Damm zur Seite geworfen. Die Knollen lassen sich leicht von den Tragfäden abschütteln oder liegen lose im Boden. Beschädigungen der Knollen durch die Hacke oder Grabegabel bei der Ernte sind möglichst zu vermeiden. Die Kartoffeln sollen einige Stunden auf der Erde abtrocknen. Die Knollen nicht abwaschen, sie werden mit der anhaftenden Erde eingelagert. Vor dem Einlagern wird die Ernte nach kleinen, mittleren und großen Knollen sortiert. So hat man für die Küche immer die richtige Größe parat.

Lagerung der Kartoffeln

Bei einer reifen Kartoffelknolle mit fester Schale tritt eine Keimruhe ein. Die Keimruhe verhindert, dass die Kartoffel zu früh wieder auskeimt und ist erwünscht. Ursache der Keimruhe sind Hemmstoffe in der Schale, die nach und nach abgebaut werden. Die Länge der Keimruhe ist sortentypisch, frühe Sorten keimen eher als späte Sorten. Die Knollen sind keine ruhenden Samen, sondern Sprosse. Lebensvorgänge wie die Atmung laufen weiter. Alle Umstände, die zu erhöhter Atmung führen, sind zu vermeiden. Sie sollten die Knollen also nicht häufig umlagern und nicht verletzen.

Weil Kartoffelknollen atmen, soll der Lagerraum gut belüftet sein. Bewährt hat sich bei größeren Mengen eine lose Lagerung auf Lattenrosten oder in Kartoffelkisten aus Latten. Der Raum sollte kühl und dunkel, aber frostfrei sein bei einer Temperatur von 4–6 °C, maximal 10 °C. Je kühler der Raum, desto weniger Wasser verdunsten die Knollen während der Lagerung. Je wärmer ein Keller, desto eher beginnen die Knollen zu keimen, und die Keimruhe ist abgebaut. Kleine Mengen Speisekartoffeln können in offenen Papiertüten lagern. Plastiktüten zur Aufbewahrung sind ungeeignet. Es entsteht

Ein spannender Moment: Wie viele Knollen stecken unter der Kartoffelstaude?

Kartoffeln klauben

Von „Kartoffel klauben" spricht man, wenn man den Damm vorsichtig von der Seite aufgräbt, die großen Knollen erntet und die Wurzeln der Stauden wieder mit Erde zudeckt. Man gießt, damit die Wurzeln wieder Erdverbindung bekommen. Die kleinen Knollen können so noch an der Staude weiter wachsen. So klaubt man sich eine erste Mahlzeit zusammen.

Schwitzwasser, das zu Fäulnis führen kann. Äpfel, Zwiebeln oder anderes Gemüse muss getrennt von Kartoffeln gelagert werden, denn die reifenden Früchte regen die Knollen zur frühen Keimung an.

Im Freiland in Erdmieten gelagerte Kartoffeln deckt man mit einer Strohschicht von 20 cm ab. Bei zu kalt aufbewahrten Kartoffeln macht sich ein süßlicher Geschmack bemerkbar.

Für die Lagerung der Pflanzkartoffeln gelten die gleichen Bedingungen: Man sollte sie gleich von den Speisekartoffeln getrennt aufbewahren; am besten übersichtlich ausgelegt und mit Namen versehen in alten Obststeigen. Knollen, die zum Pflanzen gedacht sind, nie mit keimhemmenden Pulvern behandeln! Über Winter die Steigen auf kranke Knollen kontrollieren und das Keimverhalten beobachten.

FIESE FEINDE

Der Schlüssel zu gesunden Kartoffelpflanzen ist ein vierjähriger Fruchtwechsel und der Anbau widerstandsfähiger Sorten. Hier erfahren Sie außerdem, wie Sie Ihre Kartoffeln gesund erhalten und vor fiesen Feinden beschützen.

Kraut- und Knollenfäule

▶ Die Kraut- und Knollenfäule ist die älteste und schlimmste Krankheit der Kartoffel. Sie ist auch im Hausgarten von großer Bedeutung.

Wenn die Kartoffelstauden im Juli üppig im Kraut stehen, findet man nach regnerischem Wetter braune Flecken auf den Blättern und einen dünnen, weißen Pilzrasen auf der Unterseite. Die Flecken auf den Blättern vergrößern sich schnell, sie werden ganz braun und sterben ab. Dies erfasst oft zunächst die Triebspitze und zieht sich über die Stängel und die ganze Staude. Bei warmem, feuchtem Wetter breitet sich der Befall schnell aus. Das Kraut der Kartoffelpflanzen stirbt innerhalb von 3–5 Tagen völlig ab. Durch Regenwasser werden Pilzsporen in den Boden gespült, die auch die Knollen infizieren. Befallene Knollen zeigen bleigraue, eingesunkene Flecken und braune Stellen im Fleisch. Eingelagerte kranke Knollen verderben und verbreiten einen fauligen Geruch. Sie sind umgehend auszusortieren.

Wie der Pilz lebt

Der Erreger *Phytophtora infestans* lebt als Parasit auf seinen wichtigsten Wirtpflanzen Kartoffeln und Tomaten. Der Pilz überwintert in befallenen Knollen und mit dickwandigen Dauersporen im Boden. Aus befallenem Pflanzgut wachsen infizierte Stängel empor. Von diesen erfolgt die Übertragung von Pflanze zu Pflanze mit Wind und Regen. Gelangen die Sporen auf ein tau- oder regennasses Blatt, keimen sie. Der Pilz kann die intakte Pflanzenzelle durchdringen oder nutzt kleinste Blattverletzungen. Die Pilzfäden wachsen im Blatt weiter und ernähren sich von der lebenden Zelle, später von totem Pflanzenmaterial. Zur ungeschlechtlichen Vermehrung bilden die Pilzfäden Sporen. Die Sporenträger ragen aus den Spaltöffnungen an der Blattunterseite heraus und werden mit Wind oder Regenspritzern verbreitet. Für Ausbreitung und Befall sind wenige Stunden mit hoher Luftfeuchtigkeit, Tau oder Regen ausreichend. Der Pilz ist sehr anpassungsfähig, ständig treten neue Stämme auf. Seit 1985 wurde ein neuer Pilztyp eingeschleppt, nun kann er sich auch geschlechtlich vermehren. Dadurch entsteht eine größere genetische Vielfalt, und so kann der Pilz schneller Resistenzen gegen widerstandsfähige Kartoffelsorten und Pilzbekämpfungsmittel entwickeln.

Vorbeugen als bester Schutz

Beim Kauf von anerkanntem Pflanzgut erhält man gesunde Pflanzknollen. Achten Sie bei der Auswahl der Sorten auf die Bewertung der Krautfäuleanfälligkeit. Die meisten Sorten weisen eine mittlere Anfälligkeit (Bewertungsnoten 4–6) auf; mittlerweile sind verbesserte Sorten auf dem Markt (siehe Sortenbeschreibungen). Die Kartoffelzüchter kreuzen zahlreiche Resistenzgene aus Wildarten in neue Sorten ein. Die Züchtung verbesserter Sorten dauert aber 12–20 Jahre.

Dem Pilz auf der Spur

In Irland zerstörte die Krautfäule-Epidemie 1845–1848 die Nahrungsgrundlage der kleinen Landpächter. Auch Frankreich, Holland, Deutschland und Polen waren davon betroffen. Die belgische Mykologin Marie-Anne Libert entdeckte den Pilz 1845 und nannte ihn *Botrytis devastatrix*. Die Wissenschaftler stritten, ob der Pilz Ursache oder Folge der Erkrankung war. Erst 1861 bestätigte der Botaniker Anton de Bary Liberts Untersuchungen, er nannte den Pilz *Phytophtora infestans*.

Obwohl die Sorten im Beet dicht nebeneinander wachsen, zeigen sie unterschiedliche Anfälligkeit gegen den Krautfäulepilz. Der Befall mit Krautfäule beginnt mit einzelnen braunen Blattflecken.

Früh reifende Sorten wachsen dem Befall vorweg. Beim Setzen der Knollen sollten Sie weite Pflanzabstände wählen, damit die Blätter nach Regen schnell abtrocknen. Sie sollten insgesamt sparsam düngen, auch beim Starkzehrer Kartoffel. Eine Kaliversorgung durch Gießen mit Beinwell-, Brennnessel- oder Rhabarberbrühe (1:10 verdünnt) kräftigt das Pflanzengewebe. Vorbeugend können Sie Magermilch oder Effektive Mikroorganismen auf die Blätter sprühen; diese verhindern nämlich die Ansiedlung schädlicher Organismen.

Bei erstem Auftreten von Krautfäule schneiden Sie befallene Blätter und Triebe aus und vernichten befallenes Pflanzenmaterial. Bauen Sie Kartoffeln und Tomaten nicht direkt nebeneinander an, sie werden sonst vom gleichen Erreger befallen. Pflanzen Sie ausreichend tief und häufeln Sie einen Damm an, so erreicht der Pilz die Knollen nicht. Halten Sie die vierjährige Fruchtfolge ein und sammeln Sie bei der Ernte alle Knollen vom Beet ab.

Der Kartoffelkäfer

▶ Wenn im Mai der Löwenzahn blüht, krabbeln sie an die Bodenoberfläche, suchen nach Kartoffelpflanzen und beginnen, an den jungen Blättern zu fressen.

Die etwa 1 cm großen Kartoffelkäfer *Leptinotarsa decemlineata* mit gelb-schwarzer Flügelzeichnung sind an den Kartoffelpflanzen leicht zu entdecken. Die ausgewachsenen Käfer überwintern im Boden. Etwa 4 Tage nachdem sie aus dem Boden gekrabbelt sind, paaren sie sich. Die Weibchen legen mehrfach orangegelbe Eier in Gruppen von 20–30 Stück an die Blattunterseiten. Ein Weibchen kann innerhalb von acht Wochen etwa 400 Eier ablegen. Nach 8–14 Tagen schlüpfen die orangeroten, schwarz gepunkteten Larven. Sie sind sehr gefräßig. Im Laufe ihrer vier Larvenstadien können sie bei starkem Befall die Stauden bis auf die Stängel abfressen. Die Larven graben sich nach 20–25 Tagen, etwa Ende Juni, in den Boden ein und verpuppen sich dort. Anfang Juli schlüpfen die jungen Käfer, die erneut mit dem Abfressen der Blätter beginnen. Je nach Wetter kriechen sie dann zum Überwintern in den Boden. Die Larven sind das gefräßigste Entwicklungsstadium des Kartoffelkäfers.

Die abgefressenen Kartoffelstauden kümmern, setzen weniger oder keine Knollen an oder gehen ein. Im Hausgarten empfiehlt es sich, die Pflanzen ab April regelmäßig auf Käfer zu kontrollieren. Damit wird schon die Eiablage verhindert. Ebenso sammelt man

Eier und Larven ab, sobald man sie findet. An kühlen Tagen sind die Käfer morgens noch unbeweglich, Einweghandschuhe leisten beim Sammeln gute Dienste. Der Käfer frisst auch an Unkräutern aus der Familie der Nachtschattengewächse, etwa dem Schwarzen Nachtschatten *Solanum nigrum*. Daher sollte man diese Unkräuter beseitigen. Es hilft, wenn man mit Kartoffeln die Fruchtfolge einhält und nur alle vier Jahre auf dasselbe Beet zurückkehrt. Eine Bekämpfung mit chemischen Mitteln ist im Hausgarten nicht notwendig, zumal die Käfer schon gegen bestimmte Wirkstoffe Resistenzen entwickelt haben.

Ein Käfer erobert die Welt

Der Kartoffelkäfer ist kein in Europa heimisches Insekt, er wurde aus Nordamerika eingeschleppt. Eine erste Beschreibung gab 1824 der Insektenkundler Thomas Say. Er fand den Käfer an dem Nachtschattengewächs *Solanum rostratum*, der Büffelklette, auf seiner Expedition in Colorado, USA. Er nannte ihn daher „Coloradokäfer". Mit der fortschreitenden Kolonisation Nordamerikas breitete sich auch der Kartoffelanbau aus. Mit den wachsenden Kartoffelmonokulturen bot sich dem Kartoffelkäfer eine ideale neue Wirtspflanze an. Auf der vereinzelt vorkommenden Büffelklette war eine Massenvermehrung nicht möglich. Erst als sich der Käfer massenhaft in den Kartoffelfeldern vermehrte, wurde der Schaden bemerkt. Nach Kahlfraß flogen die Käfer in Schwärmen mit dem Wind weiter und erreichten 1874 die Ostküsten der USA. Durch Einfuhrverbote für Kartoffeln aus Amerika versuchte man, die Einschleppung der Käfer nach Europa zu verhindern. Um 1877 konnten erste Befallsherde durch Abbrennen der Felder vernichtet werden. Nach einer Einschleppung 1922 im französischen Hafen von Bordeaux konnte die Verbreitung des Kartoffelkäfers nicht mehr eingedämmt werden. Durch den vorherrschenden Westwind unterstützt, breitete er sich rasch nach Osten aus, mit bis zu 300 km pro Jahr. Das Arsenal der Bekämpfungsmöglichkeiten war nicht groß: Außer Einfuhrverboten von Kartoffeln, Tomaten und Auberginen aus Frankreich wurden mit regelmäßigen Suchaktionen die Felder überwacht. Schon 1935 entstand der „Deutsche Überwachungs- und Abwehrdienst für den Kartoffelkäfer". Die Hauptausbreitung nach Deutschland fand in den Jahren des 2. Weltkrieges statt. Das Absammeln der Käfer von den Kartoffelpflanzen durch Schulklassen und Helfer war die einzige Möglichkeit der Bekämpfung. Unsere Großeltern können noch davon berichten. Schon bald stellte sich diese Art der Bekämpfung als zu aufwendig heraus. Mit der Entwicklung chemischer Insektizide gelang es, den Kartoffelkäfer auf den Feldern zurückzudrängen.

Gelbes Eigelege unter einem Kartoffelblatt.

Blattläuse

▶ Blattläuse an Kartoffelstauden saugen deren Pflanzensaft. Eine Kontrolle der Blättläuse ist notwendig, da sie Viruskrankheiten übertragen.

Wer viele Nützlinge als Helfer im Garten hat, wie Vögel, Marienkäfer und Florfliegen, wird die Läuse kaum bemerken. Durch das Saugen übertragen die Läuse aber Viruskrankheiten, die die Pflanzen schwächen und den Knollenertrag verringern. Die stärkste Gefährdung der Kartoffeln besteht im Frühjahr, wenn die Läuse von Pfirsichbäumen, Kreuzdorn und Pfaffenhütchen zufliegen. Dort haben sie als Eier überwintert. Die größte Bedeutung hat die grüne Pfirsichblattlaus.

Geschwächt durch Viren

Es gibt verschiedene Viruskrankheiten, etwa das Blattrollvirus, das Tabak-Rattle-Virus oder Virusarten, die mit Buchstaben bezeichnet werden: Y-, X-, A-, M- und S-Virus. Je nach Virusart zeigen die Blätter eine mosaikartige gelbgrüne Zeichnung, schwarze Strichelchen, eingerollte kleine Blätter. Oft tragen die Pflanzen Mischinfektionen mit mehreren Viruskrankheiten. Der Rückgang im Ertrag kann bei kranken Stauden zwischen 20 und 40 % liegen.

Bei mehrjährigem Nachbau der viruskranken Knollen können die Sorten eingehen, weil sie nur noch schwach keimen. Diese „Abbaukrankheit" wurde schon früh beschrieben. Die Anbaugebiete der Pflanzkartoffeln liegen daher in sogenannten „Gesundlagen" an den Küsten von Nord- und Ostsee oder in Höhenlagen. Der Wind bläst die Läuse fort und ohne saugende Läuse gibt es keine Virusübertragung.

Für den Anbau von Speisekartoffeln empfiehlt sich, jährlich oder jedes zweite Jahr anerkanntes Pflanzgut zu kaufen. Wer Sorten sammelt und über Jahre nachbaut, muss seine Pflanzen selbst gesund erhalten. Pflanzen Sie dafür die Kartoffeln dort, wo der Wind durch die Reihen weht. Zudem fördert man das zügige Wachstum, etwa durch Vorkeimen, frühes Pflanzen und frühe Ernte. Sieht man an einzelnen Stauden Zeichen von Viruserkrankungen, entfernt man diese und wirft sie in die graue Abfalltonne. Die Kartoffelpflanzen können zum Schutz gegen Läuse mit feinmaschigem Vlies abgedeckt werden. Außerdem sollte man Unkräuter entfernen, da sich dort gerne Blattläuse ansiedeln.

Noch mehr Schädlinge und Krankheiten

Drahtwürmer

Drahtwürmer fressen kreisrunde, stecknadelkopfgroße Löcher in Kartoffelknollen. Bei Speisekartoffeln kann man einzelne Löcher ausschneiden, zu stark durchlöcherte Knollen sollte man aussortieren. Drahtwürmer sind die Larven von verschiedenen Schnellkäferarten, *Agriotes*. Die gelben oder braunen Larven fressen im Boden an den Wurzeln der Pflanzen. Besonders bei Trockenheit fressen sich die Drahtwürmer in die saftigen Kartoffelknollen. Nach 3–5 Jahren verpuppen sie sich und im Frühjahr schlüpft der Schnellkäfer. Kartoffeln, die nach dem Umbruch von Rasen oder Wiese als erste Frucht angebaut werden, können stark von Drahtwürmern befallen sein. Das lässt nach weiteren Jahren nach. Im Garten können Drahtwürmer mit ausgelegten Kartoffelscheiben angelockt und vernichtet werden. Vögel picken sie nach der Bodenbearbeitung auf.

Engerlinge

Als Engerling bezeichnet man die Larven von Mai-, Juni- und Gartenlaubkäfern. Die Larven mit weißem Körper und braunem Kopf werden 3–6 cm groß. Die Entwicklung des Gartenlaubkäfers dauert ein Jahr, die der Maikäferlarven 3–4 Jahre. Die Engerlinge fressen im Boden an Wurzeln und Knollen zahlreicher Pflanzen. Kartoffelknollen werden großflächig weggefressen, die Nagespuren erinnern beim Maikäfer an Mäusefraß. Es gibt Jahre und Regionen, in denen durch Massenvermehrung viele Pflanzenarten geschädigt werden. Durch Harken oder Bodenbearbeitung mit der Sternfräse werden die Engerlinge freigelegt und von Vögeln gefressen.

Ein Drahtwurm bohrt sich in eine Kartoffelknolle.

Erdraupen fressen meist nachts an Knollen und oberirdischen Pflanzenteilen.

Erdraupen

Größere Löcher in den Knollen, höhlenartig ausgefressen, werden von Erdraupen verursacht. Sie leben im Boden und sind tagsüber nicht zu finden. Junge Raupen fressen auch an oberirdischen Pflanzenteilen. Sie sind erst frischgrün gefärbt und ändern mit dem Alter ihre Farbe zu graugrün. Dann sind sie meist nur noch nachtaktiv. Die Raupen werden 3–5 cm groß und drehen sich bei Berührung spiralförmig ein. Erdraupen sind die Larven verschiedener Eulenfalter. Die Falter der *Agrotis*-Arten sind unscheinbare, graubraune Nachtschmetterlinge.

Nacktschnecken

Schnecken sind ein Dauerthema in allen Kulturen. Sie machen auch vor Kartoffeln nicht Halt, fressen oberirdisch an den Blättern und Trieben, unterirdisch an den Knollen. Schnecken können die Knollen ähnlich wie Erdraupen aushöhlen. Sie verraten sich durch ihre typischen Schleimspuren. Besonders häufig im Garten sind die Genetzte Ackerschnecke (*Deroceras reticulatum*), die Gartenwegschnecke (*Arion hortensis*) und die gefräßige Spanische Wegschnecke (*Arion vulgaris*). Bei der Reduzierung der Schnecken helfen Vögel und Kleinsäugetiere im Garten. Gegen die Genetzte Ackerschnecke können Fadenwürmer als Nützlingspräparat eingesetzt werden. Es hilft, die Beete trocken zu halten, und schwere, grobe Schollen zu zerkleinern, damit sich die Schnecken nicht in den Hohlräumen verkriechen können.

Man findet die Schnecken in ihren Verstecken unter feuchtem Holz.

Maulwurfsgrillen sind Insekten von stattlicher Größe.

Maulwurfsgrille

Die Insekten sind unverwechselbar, etwa 6 cm groß mit graubraunem Körper und kräftigen Grabschaufeln. Maulwurfsgrillen oder Werren (*Gryllotalpa gryllotalpa*) gehören zu den Heuschrecken. Sie leben meist im Boden in selbstgegrabenen Gängen. Sie kommen bevorzugt in wärmeren Regionen auf lockeren, feuchten Böden vor. Als Nützlinge fressen sie andere Insekten, Würmer, Schnecken und deren Eier, aber auch Pflanzenwurzeln und oberirdische Pflanzenteile. Bei Kartoffeln fressen sie an den Knollen. Falls diese besonderen Insekten im Garten lästig werden, kann man sie lebend fangen und außerhalb des Gartens aussetzen.

Feld- und Wühlmäuse

Die Wühlmaus oder Schermaus lebt im Boden, ihre Gänge verlaufen dicht unter der Erdoberfläche. Im Herbst fressen sie an den Kartoffelknollen. Eine Katze, die im Garten patrouilliert, Wiesel, Marder und Mäusebussard sind ihre natürlichen Feinde. Zur Bekämpfung können Fallen in die Gänge gestellt werden. Im Herbst sollten auch spät reifende Kartoffeln nicht zu lange im Boden bleiben, um die Wühlmäuse nicht anzulocken.

Feldmäuse sind oberirdisch aktiv. Nach milden Wintern können sich die Mäuse stark vermehren. Man findet dann die Mäuselöcher im Garten und an den Kartoffeln angefressene Knollen. Auch hier helfen die Gartenkatze und Greifvögel wie der Sperber – er jagt auch in Gärten in den Wohnsiedlungen.

Wühlmäuse sind das ganze Jahr über aktiv.

Bakterien, Viren und Pilze

Kartoffelschorf

Auf den reifen Knollen findet man braune Pusteln, netzartige Korkflächen oder, bei starkem Befall, kraterförmige Pusteln. Das Fleisch der Kartoffel ist nicht betroffen. Die Knollen kann man essen, man muss nur dicker schälen. Die Sorten sind unterschiedlich anfällig für Schorf. Die Krankheit wird von dem Bakterium *Streptomyces scabies* verursacht, das im Boden vorkommt. Es dringt durch die Atemöffnungen oder Wunden in die Kartoffelknolle ein. Die Bakterien benötigen Sauerstoff für ihr Wachstum, daher tritt Schorf auf sandigen, trockenen Böden häufiger auf. Fördernd ist auch ein pH-Wert über 6,5. Die Bakterien schädigen auch Karotten, Pastinaken, Radieschen und Speiserüben. Kompost-Gaben fördern gute Bodenorganismen als Gegenspieler. Bei Trockenheit kann man auf Sandböden bewässern.

Wurzeltöter

Auf den geernteten Knollen zeigen sich schwarze Pusteln, die sich mit dem Fingernagel abschaben lassen. Das sind die Überdauerungsorgane des Pilzes *Rhizoctonia solani*. Im Frühjahr infiziert er in der Erde junge Kartoffelkeime. Diese zeigen braune, eingeschnürte Stellen und sterben ab. Dies sieht man oberirdisch an Lücken in den Kartoffelreihen. Bei feuchtem Wetter erkennt man an der Basis der ausgewachsenen Sprossen einen weißgrauen Pilzbelag. Befallene Pflanzen bilden nur ein bis zwei Triebe und kleine, häufig missgebildete Knollen. Vorbeugend verwendet man gesundes Pflanzgut. Verwenden Sie befallene Knollen aus eigenem Anbau nicht zum Pflanzen und halten Sie auch hier wieder einen vierjährigen Fruchtwechsel ein. Arbeiten Sie eine organische Düngung im Herbst in den Boden ein.

Die schwarzen Flecken auf der Schale sind die Dauerkörper des Pilzes.

Eisenfleckigkeit

Im Fleisch durchgeschnittener Kartoffelknollen zeigen sich rostbraune, ringförmige Verfärbungen. Sind die Knollen sehr stark befallen, kann man sie nicht mehr essen. Urheber ist das Tabak-Rattle-Virus. Es wird durch im Boden lebende Fadenwürmer auf die Pflanze übertragen, wenn diese an den Kartoffelwurzeln saugen. Das Virus findet sich in der ganzen Pflanze, Schäden an den Blättern sind nur schwer zu erkennen. Es ist in jedem Boden vorhanden, ebenso die Fadenwürmer. Auf sandigen Böden tritt in manchen Jahren starke Eisenfleckigkeit auf, wenn die Erde feucht und warm ist. Anfällige Sorten auf solchen Böden meiden. Halten Sie vorbeugend eine Fruchtfolge von mindestens drei Jahren ein. Ölrettich, als Gründünger im Herbst vor den Kartoffeln ausgesät, kann die Menge der Fadenwürmer im Boden verringern.

Zwiewuchs bei der Sorte 'Dänische Spargelkartoffel'.

Rostbraune Flecken im Fleisch machen die Knollen ungenießbar.

Zwiewuchs, Kindelbildung

Die modernen Kartoffelsorten bilden sehr gleichmäßige Knollen, oval oder rundlich mit glatter Schale und flachen Augen. Deformierte Knollen entstehen, wenn auf gute Wachstumsbedingungen mit Feuchtigkeit und Wärme schlechte Wachstumsbedingungen folgen. Die Knollen stellen ihr Wachstum ein. Folgt darauf wieder günstiges Wetter mit Regen und Wärme, beginnen die Knollen wieder zu wachsen. Mit dem neuen Wachstum können sich dann Kindelknollen oder kuriose Auswüchse bilden. Um auf leicht trockenen, sandigen Böden dem Wachstumsstopp zuvorzukommen, kann man die Kartoffeln rechtzeitig bewässern. Bei alten Sorten wie 'Rosa Tannenzapfen', auch bei 'Ratte' oder anderen hörnchenartigen Sorten kommt es sortenbedingt zu Verzweigungen der Knollen.

Unkraut vergeht nicht

▶ Unkräuter begleiten unsere Kartoffelkultur von der ersten Bodenbearbeitung bis zur Ernte und sind typisch für den jeweiligen Gartenboden.

Gekonnt spielen sie ihre Wildeigenarten aus, wie frühe Keimung, schnelles Blattwachstum oder Bildung von großen Samenmengen, die lange im Boden lebensfähig bleiben. Für unseren Kartoffelanbau sind sie aber Konkurrenz um Wasser, Licht und Nährstoffe, teils auch Wirte für Krankheitserreger. Die Kartoffelbeete müssen nicht klinisch rein gehackt werden, eine gewisse Unkrautmenge kann man für das Gartenleben tolerieren. Mit zwei- oder dreimaligem Hacken, bei dem gleichzeitig die Dämme nachgezogen werden, hat man das Unkraut im Griff. Mit „Unkraut" sind hier die Wildkräuter gemeint, die uns beim Kartoffelanbau stören.

Vogelmiere

Sie kommt in allen Gärten vor, ihre Samen sind in allen Böden vorhanden. Die Vogelmiere *Stellaria media* wächst einjährig. Die Pflanzen keimen schon früh im Jahr bei kühlen Bodentemperaturen. Sie wachsen auf gedüngten Beeten schnell heran, blühen das ganze Jahr und bilden schon im Frühsommer Samen. Werden sie nicht beachtet, können die breiten Blattpolster junge Kartoffelpflanzen überwuchern.

Kleinblütiges Franzosenkraut

Das Franzosenkraut *Galinsoga parviflora* keimt oft nach der Bodenbearbeitung massenhaft, auch noch spät im Jahr. Eine Pflanze bildet mehrere Tausend Samenkörner, die Jahrzehnte im Boden keimfähig bleiben. Sind Stängel und Blätter behaart, handelt es sich um das Behaarte Franzosenkraut *Galinsoga ciliata*. Beide Pflanzen sind gute Frostanzeiger im Herbst, da sie sehr wärmebedürftig sind. Wenn ihre Blätter erfrieren, wird es Zeit, die Kübelpflanzen ins Haus zu bringen.

Kleinblütiges Franzosenkraut.

Wenn vor der Ernte das Kartoffellaub eintrocknet, überwächst der Gänsefuß *Chenopodium album* die Beete. Die großen Pflanzen stören bei der Kartoffelernte. Sie sollten nicht zur Blüte und Samenbildung kommen. Wie bei fast allen Wildkräutern bilden die Pflanzen Tausende sehr langlebige Samen.

Blutfingerhirse

In den letzten Jahren haben sich die wärmeliebenden Hirsearten, die schmalblättrige Blutfingerhirse *Digitaria sanguinalis* und die Hühnerhirse *Echinochloa crus-galli*, stärker ausgebreitet. Die einjährigen Gräser keimen früh, wenn die Kartoffeln gerade aus dem Damm rausgucken. Die jungen Pflanzen sehen erst harmlos aus, bestocken sich und bilden ein dichtes Wurzelsystem. Die Hirsen blühen von Juli bis Oktober. Sie sind für die Kartoffelpflanze eine Konkurrenz um Nährstoffe.

Weißer Gänsefuß

Das Gänsefußgewächs tritt besonders auf humosen Lehmböden auf. Ausgewachsen werden die Pflanzen bis zu zwei Meter hoch. Allein durch ihre Pflanzenmasse nehmen sie den Kartoffeln reichlich Nährstoffe weg.

Der Gänsefuß wird über einen Meter hoch.

Blutfingerhirse.

SORTENVIELFALT

ZUM ANBEISSEN

Die Geschichte der Kartoffel und die Entstehung der Sortenvielfalt sind miteinander verwoben. Darin zeigt sich: Vielfalt ist Reichtum!

Das Wissen der Indios – Vielfalt ist Reichtum

▶ Für die Indios war und ist die Kartoffel neben Mais und Bohnen das wichtigste Grundnahrungsmittel. Der Anbau von Kartoffeln macht eine Besiedlung der Hochebenen erst möglich.

Kartoffeln gedeihen noch auf den baumlosen Hochebenen in der Bergzone zwischen 3000 und 4500 m Höhe. Ein Drittel der peruanischen Bevölkerung lebt in den Anden auf über 3000 m Höhe und auch heute noch werden von den Bauern 50–60 verschiedene Kartoffelarten und Landsorten auf einem Feld angebaut. Etwa 4500 Sorten werden in den Andenstaaten Peru, Bolivien und Ecuador kultiviert. Die Sorten unterscheiden sich von Gemeinde zu Gemeinde. Diese Vielfalt bedeutet Nahrungssicherheit, denn über Jahrhunderte ausgelesen im Hinblick auf ihren Geschmack, ihre Form und Farbe, sind diese Sorten an das raue Klima der Hochanden angepasst. Die Bauern produzieren ihre Kartoffeln ohne chemischen Pflanzenschutz und mineralische Dünger. Die Anbaumethoden sind noch fast so wie vor 3000 Jahren. Sie werden von Generation zu Generation mündlich überliefert, meist durch die Frauen. In den regenarmen Bergregionen entwickelten die Indios den Terrassenanbau und Bewässerungssysteme. Gepflanzt wird auf der Südhalbkugel im November, geerntet wird im Mai. Die Felder sind meist nur kleine Flecken, die sich in die Talmulden der Berghänge drücken. Mit dem Fußpflug, dem Tacla, werden die Reihen gezogen. Die Frauen streuen Kleintiermist von Hühnern und Ziegen als Dünger hinein. Vor dem Pflanzen wird mit einer Gabe Maisbier und Coca-Blättern ein Opfer für Pachamama, die Mutter Erde, dargebracht und um eine gute Ernte gebeten. Dreimal werden die Reihen bis zur Ernte mit der Hacke bearbeitet. Bei der Ernte hilft die ganze Familie: die Männer hacken die Kartoffeln aus dem Boden und Frauen und Kinder lesen die Knollen auf.

Chuño negro und Chuño blanco: getrocknete Kartoffeln dienen als haltbare Nahrungsreserve.

Auf den Märkten von Huancajo und Cuzco findet man die Kartoffel noch in ihrer ursprünglichen Farben- und Formenvielfalt mit gelben, roten und blauen Knollen. Sie heißen „Kuhzunge“, „Rote Gurke“, „Morgen-

Konservieren nach Inka-Art: Chuño

Chuño sind gefriergetrocknete Kartoffeln, die als Langzeitvorrat dienen. Die Knollen werden im Freien flach auf dem Boden ausgebreitet. In der Nacht sind sie dem Frost ausgesetzt und das Wasser in den Knollen gefriert. Tagsüber tauen die Knollen wieder auf. Nach 4–5 Tagen wird mit den Füßen das Wasser aus den weichen Kartoffeln gequetscht. Sie trocknen in der Sonne. Es bleiben harte trockene Knollen übrig, die über Jahre gelagert werden können.

blume“, „Pumakralle“ oder „Kartoffel, die die Braut zum Weinen bringt“, weil diese Sorte wegen der Augenhöcker so schwer zu schälen ist. Bestimmte Gerichte werden jeweils mit speziellen Kartoffelsorten zubereitet. Die meisten Sorten werden nur auf regionalen Märkten gehandelt, zwischen dem Hoch- und dem Tiefland. Sie werden nie auf kommerzielle Märkte gelangen, sind aber für die Landbevölkerung mit niedrigen Einkommen ein wichtiges Grundnahrungsmittel und ein geschätztes kulturelles Erbe.

Schon vor etwa 8000 Jahren haben die Ureinwohner der Hochanden die Kartoffeln in Kultur genommen. Ihre ersten Spuren finden sich in Ausgrabungen von Pflanzenresten, als Überreste von Speisen oder erhalten als Chuño (gefriergetrocknete Kartoffeln, deren Zubereitung schon damals bekannt war). Mittels Radiokarbonmethodik gelang eine Datierung der gefundenen Kartoffel-Reste. In den Keramiken der Inkas aus der Moche-Kultur finden sich Gegenstände, die wie Kartoffelknollen geformt sind. Sie stammen aus einer Epoche von 100 vor bis ca. 600 nach Christus. Zahlreiche Grabbeigaben wie Haus- und Jagdgeräte, Waffen, Gebrauchsgegenstände, Tonplastiken in Gefäßform und vieles mehr zeugen von der Bedeutung der Knolle als Lebensgrundlage der Indios. Die Kartoffel galt als beseelt – mit ihren sprießenden Keimen und Augen wurde sie von den Indios als Symbol der Fruchtbarkeit verehrt. Die Kartoffelgöttin Axomama sorgte für eine gute Ernte und eine gesunde Fortpflanzung.

Kartoffelernte mit Fußpflug und Hacke. Holzschnitt, 16. Jh.

Sehr frühe und frühe Sorten

'Annabelle'

REIFEZEIT: sehr früh

KNOLLE: Schale gelb, glatt, flache Augen, Knolle langoval, Fleisch tiefgelb

BLÜTE: weiß

VERWENDUNG: festkochend, für Kartoffelsalat, Salzkartoffeln

BESONDERHEITEN: NL 2002, Züchter HZPC, guter Ertrag, guter Geschmack, eher kleine Knollen, zügig verbrauchen, keimt ansonsten

'Belana'

REIFEZEIT: früh

KNOLLE: Schale gelb, glatt, sehr flache Augen, Knollen rundoval, Fleisch gelb

BLÜTE: weiß

VERWENDUNG: festkochend, für Kartoffelsalat, Salzkartoffeln

BESONDERHEITEN: DE 2000, Europlant, hohe Ansprüche an Boden und Wasserversorgung, schwache Laubentwicklung, wird als Nachfolger der Sorte 'Linda' gehandelt

'Belle de Fontenay'

REIFEZEIT: sehr früh

KNOLLE: Schale dünn, gelb, oft rau, flache Augen, Knollen langoval, Fleisch gelb

BLÜTE: hellblau

VERWENDUNG: festkochend, für Kartoffelsalat, Salzkartoffeln

BESONDERHEITEN: FR 1885, Feinschmeckersorte aus dem Burgund, leider anfällig für Kraut- und Knollenfäule

'Cilena'

REIFEZEIT: früh

KNOLLE: Schale gelb, glatt, flache Augen, Knollen lang, Fleisch gelb

BLÜTE: weiß

VERWENDUNG: festkochend, für Kartoffelsalat, Salzkartoffeln

BESONDERHEITEN: DE 1981, Nordkartoffel Zuchtgemeinschaft, bevorzugt Böden ohne Steine und Kluten, für guten Knollenansatz tief pflanzen

'Finka'

REIFEZEIT: sehr früh

KNOLLE: Schale gelb, glatt, flache Augen, Knollen oval, Fleisch mittelgelb

BLÜTE: weiß

VERWENDUNG: vorwiegend festkochend, für Suppen, Salzkartoffeln, Bratkartoffeln

BESONDERHEITEN: DE 2001, Kartoffelzucht Böhm, bildet viele, gleich große Knollen

'Frieslander'

REIFEZEIT: sehr früh

KNOLLE: Schale gelb, glatt, flache Augen, Knollen oval, groß, Fleisch gelb

BLÜTE: kaum blühend

VERWENDUNG: vorwiegend festkochend bis mehlig, für Suppen, Salzkartoffeln, Bratkartoffeln, Backkartoffeln, Püree

BESONDERHEITEN: NL 1990, Laub anfällig für Krautfäule, wächst der Infektionszeit aber vorweg, da sehr früh reif

'Gunda'

REIFEZEIT: früh

KNOLLE: Schale gelb, genetzt, Augen flach bis mitteltief, Knollen rundoval, Fleisch hellgelb

BLÜTE: hellrosa

VERWENDUNG: mehligkochend, für Püree, Klöße

BESONDERHEITEN: DE 1999, Böhm-Nordkartoffel Agrarproduktion, mittlere Knollengröße und Ertrag, Knollen mehlig, jedoch nicht auseinanderfallend

'Karlena'

REIFEZEIT: früh

KNOLLE: Schale gelb, genetzt, Augen flach bis mitteltief, Knollen rundoval, Fleisch hellgelb

BLÜTE: rosa

VERWENDUNG: mehligkochend, für Püree, Klöße

BESONDERHEITEN: DE 1988, NORIKA, robuste Sorte mit stabilem Ertrag, benötigt für guten Knollenansatz ausreichend Bodenfeuchtigkeit

'Linzer Delikatess'

REIFEZEIT: früh

KNOLLE: Schale gelb, glatt, flache Augen, Knollen langoval, Fleisch gelb

BLÜTE: weiß, kaum Blüten

VERWENDUNG: festkochend, für Salzkartoffeln, Bratkartoffeln, Pellkartoffeln

BESONDERHEITEN: AT 1975, bildet zahlreiche mittelgroße Knollen, anfällig für Krautfäule, feine, für ihren Geschmack bekannte Salatsorte

'Marabel'

REIFEZEIT: früh

KNOLLE: Schale gelb, glatt, flache Augen, Knollen oval, Fleisch gelb

BLÜTE: weiß

VERWENDUNG: vorwiegend festkochend, für Suppen, Salzkartoffeln, Bratkartoffeln

BESONDERHEITEN: DE 1993, Kartoffelzucht Böhm, hat einen hohen, gleichmäßigen Ertrag auch auf schwierigen Standorten

'Maris Bard'

REIFEZEIT: sehr früh

KNOLLE: Schale gelb, glatt, mitteltiefe Augen, Knollen langoval, Fleisch hellgelb

BLÜTE: hellrosa, viele Beeren

VERWENDUNG: vorwiegend festkochend, für Suppen, Salzkartoffeln, Bratkartoffeln

BESONDERHEITEN: GB 1972, frühe und reichliche Knollenbildung

'Orla'

REIFEZEIT: sehr früh

KNOLLE: Schale gelb, glatt, Augen flach, Knollen oval, Fleisch hellgelb

BLÜTE: weiß

VERWENDUNG: vorwiegend festkochend, für Suppen, Salzkartoffeln, Bratkartoffeln

BESONDERHEITEN: IE, guter Ertrag, gute Widerstandfähigkeit gegen Knollenfäule

'Princess'

REIFEZEIT: früh

KNOLLE: Schale gelb, glatt, flache Augen, Knollen oval, Fleisch gelb

BLÜTE: weiß

VERWENDUNG: festkochend, für Kartoffelsalat, Salzkartoffeln

BESONDERHEITEN: DE 1998, ertragreich, bildet viele Knollen, gute Gesundheit in Blatt und Knolle

'Red Sonia'

REIFEZEIT: sehr früh

KNOLLE: Schale rot, dünn und glatt, Augen flach, Knollen oval, Fleisch gelb bis hellgelb

BLÜTE: keine Blüte

VERWENDUNG: vorwiegend festkochend, für Kartoffelsalat, Salzkartoffeln

BESONDERHEITEN: DE 2010, Europlant, gute Nematoden- und Virusresistenz, schnelles Wachstum nach dem Pflanzen, mittelgroße Knollen

'Rosara'

REIFEZEIT: sehr früh

KNOLLE: Schale rot, glatt, flache Augen, Knollen langoval, Fleisch gelb

BLÜTE: rotviolett

VERWENDUNG: vorwiegend festkochend, für Suppen, Salzkartoffeln, Bratkartoffeln

BESONDERHEITEN: DE 1990, SaKa Pflanzenzucht, Ertrag mittel, gute Widerstandfähigkeit gegen Krautfäule, Schorf, Virosen

'Roter Erstling', 'Red Duke of York'

REIFEZEIT: sehr früh

KNOLLE: Schale dunkelrot, genetzt, mitteltiefe Augen, Knollen oval, Fleisch hellgelb

BLÜTE: weiß mit rosa Stern

VERWENDUNG: vorwiegend festkochend, für Suppen, Salzkartoffeln, Bratkartoffeln, auch Püree

BESONDERHEITEN: GB 1942, als Mutation (Sport) der gelbschaligen Sorte 'Duke of York' in Holland entdeckt, Stängel rötlich gefärbt, kräftiger Geschmack, anfällig für Kraut- und Knollenfäule

'Sirtema'

REIFEZEIT: früh

KNOLLE: Schale gelb, mitteltiefe Augen, Knollen rundoval, Fleisch hellgelb

BLÜTE: weiß, selten

VERWENDUNG: festkochend, für Suppen, Salzkartoffeln, Bratkartoffeln

BESONDERHEITEN: NL 1951, für Anbau in wärmeren Regionen, hoher Ertrag großer Knollen, geringe Keimruhe

'Solist'

REIFEZEIT: sehr früh

KNOLLE: Schale gelb, glatt, flache Augen, Knollen rundoval, Fleisch hellgelb

BLÜTE: weiß, wenige

VERWENDUNG: vorwiegend festkochend, für Suppen, Salzkartoffeln, Bratkartoffeln

BESONDERHEITEN: DE 1999, NORIKA, kurze Wachstumszeit, früher Knollenansatz, mit durchschnittlicher Knollengröße

'Bonnotte du Noirmoutier'

Die teuerste Kartoffel der Welt

REIFEZEIT: sehr früh
KNOLLE: Schale gelb, glatt, mitteltiefe Augen, Knollen rundlich, bildet viele eher kleine Knollen, Fleisch gelb
BLÜTE: weiß
VERWENDUNG: festkochend, wird mit der Schale gegessen, für Pellkartoffeln, Pfannenkartoffeln, als Dessert
BESONDERHEITEN: FR vor 1920, Insel Noirmoutier, Region Pays de la Loire, Feinkostsorte

Die Kartoffelsorte von der Atlantikinsel Noirmoutier zählt zu den berühmtesten Kartoffeln. Dazu beigetragen haben wohl Berichte über ihren exorbitanten Verkaufspreis. 1996 kam die in Vergessenheit geratene Sorte zum ersten Mal nach 30 Jahren wieder auf den Markt. Die Akteure hatten sich dazu ausgedacht, die erste Ernte exklusiv in Paris bei dem renommierten Auktionshaus Drouot zu versteigern. Hier wechseln normalerweise Antiquitäten und Kunst den Besitzer, aber keine Kartoffeln. Fünf Kilogramm der neuen Frühkartoffeln erzielten damals für einen guten Zweck einen Verkaufspreis von 450 €. Das ist wohl die höchste Summe, die je für Kartoffelknollen bezahlt wurde. Heute hat sich der Preis auf der Insel bei 5 bis 6 €/kg eingependelt.

Mit der Mechanisierung der Landwirtschaft geriet diese Sorte in Vergessenheit und verschwand aus dem Anbau. Wegen ihrer sehr empfindlichen Schale eigneten sich die Knollen nicht für die maschinelle Ernte, für Handarbeit war sie nicht rentabel genug. Heute bereitet man im Herbst die Felder vor, düngt und mulcht sie mit Seetang und Algen aus dem nahen Meer. Am 2. Februar wird die 'Bonnotte' gepflanzt. Nach einer Wachstumszeit von nur 90 Tagen wird geerntet, wenn ihr Laub noch grün ist. Die Stauden werden mit dem Trecker ausgepflügt. Von vielen Helfern werden die Knollen, die noch fest an den Tragfäden sitzen, von Hand gepflückt. Die gesamte Erntemenge beträgt nur etwa 100 Tonnen. Die größte Menge wird nach Paris gebracht und dort vermarktet. Die Feinschmecker warten Anfang Mai schon auf ihre 'Bonnotte' und lieben sie wegen ihres ausgeprägten Geschmacks. Von Spitzenköchen wird sie mit Kaviar serviert oder als Dessert mit Erdbeeren und Vanillecreme. Auf Noirmoutier isst man sie am liebsten mit Schale in der Pfanne gebraten und salziger Butter.

'Sieglinde'

Die schmackhafte Frühe

REIFEZEIT: früh

KNOLLE: Schale gelb, glatt, mitteltiefe Augen, Knollen langoval, Fleisch gelb

BLÜTE: weiß, keine Beeren

VERWENDUNG: festkochend, für Pellkartoffeln, Pfannenkartoffeln, Salzkartoffeln

BESONDERHEITEN: DE 1935, Kartoffelzucht Böhm, viele Knollen pro Pflanze, Ertragspotenzial mittelmäßig, anfällig für Schorf, Virosen, Krautfäule

Für viele Verbraucher ist die Sorte 'Sieglinde' der Begriff für eine schmackhafte Frühkartoffelsorte. Sie ist seit über 80 Jahren im Handel, erst die neueren Frühkartoffelzüchtungen verdrängten sie von ihrem Platz. Gezüchtet wurde sie von der Kartoffelzucht Böhm, Lüneburg, 1935 aus der Kreuzung eines Zuchtstammes mit der Frühsorte 'Juli'. Sie war die älteste beim Bundessortenamt zugelassene Kartoffelsorte. Seit 2017 steht sie nicht mehr in der deutschen Sortenliste, da neuere frühreife Sorten weniger krankheitsanfällig sind. Sie ist aber in einem anderen EU-Land zugelassen und so auch in Deutschland noch als anerkanntes Pflanzgut im Handel zu bekommen.

'Sieglinde' gehört zu den „Ecksorten", denn an ihrer frühen Reifezeit mussten sich andere Frühsorten messen lassen. Als früh reifend gelten solche Sorten, deren Laub vor oder mit dem der Sorte 'Sieglinde' abreifen. Als Frühkartoffel wird sie auch in Italien, Ägypten, Israel und Marokko angebaut. In den deutschen Einzelhandel kommt sie von dort als Importfrühkartoffel ab Januar. Aus deutschem Anbau ist sie etwa ab Juli auf dem Markt.

'Sieglinde' ist eine der ersten festkochenden Frühkartoffelsorten gewesen. Besonders beliebt ist sie mit ihrem milden Geschmack und ihrer gelben Fleischfarbe als Salatkartoffel. Immer wieder gelobt wird ihr guter Geschmack, damit hat 'Sieglinde' sich beim Verbraucher einen Namen gemacht. Die auf Moorböden in Bayern (Donaumoos) oder niedersächsischen Hochmooren zwischen Bremen und Hamburg angebaute „Moorsieglinde" gilt als besonders schmackhaft. Die sandigen Moorböden liefern zum Wachstum gleichmäßig Feuchtigkeit. Auf dem humosen Boden bleibt ihre Schale glatt und die Knollen lassen sich sauber ernten.

Kartoffeln in botanischen Gärten

▶ Die Kartoffel fand erst nach Entdeckung der Neuen Welt im 16. Jahrhundert ihren Weg nach Europa und von dort aus in die ganze Welt.

Spanische Eroberer folgten den Spuren Christoph Kolumbus' nach Südamerika. Feldherren wie Pizarro, Queseda, Benalcazar und andere eroberten die Reiche der Indios von Peru, Kolumbien und Ecuador. Sie suchten nach „El Dorado“, dem sagenumwobenen Goldland. Die Militärführer unterwarfen die alten Hochkulturen der Inkas und plünderten das Land aus. Sie interessierten sich wenig für die Lebensweise der indigenen Völker und brachten Gold- und Silberschätze zu ihren Regenten nach Spanien und Portugal. Was sie der Alten Welt jedoch wirklich schenkten, waren die Kartoffel und weitere Kulturpflanzen aus der Neuen Welt. Erste Berichte über die Menschen und ihr Leben verfassten Missionare, die die Soldaten begleiteten, so z. B. der Jesuiten-Missionar Pater José de Acosta 1571–76 auf seiner Reise durch Peru.

Reiseproviant

Es waren die europäischen Seeleute, die als erste Bekanntschaft mit den neuen Knollen auf dem Speiseplan machten. Piraten und Seefahrer wie Sir Francis Drake schätzten die Kartoffel als Proviantierung ihrer Schiffe auf der monatelangen Rückreise nach Europa. Der Vitamingehalt der Knollen verhinderte, dass die Seeleute an Skorbut erkrankten. Die ersten Wege der Kartoffel führten von Häfen wie Cartagena in Kolumbien nach Sevilla in Spanien oder von Santa Fe, Venezuela, nach Youghall in Irland. Wann genau, wie und durch wen die Kartoffel nach Europa gekommen ist, wurde nie ganz geklärt. War es nach der Legende der englische Freibeuter Sir Francis Drake, der Sklavenhändler John Hawkins oder aber der irische Edelmann Sir Walter Raleigh? Wahrscheinlich haben mehrere unabhängige Einfuhren nach Spanien, England und Irland stattgefunden.

Botanische Rarität

Besitzer der seltenen, wertvollen Kartoffeln in Europa waren Königshäuser und deren Hofbotaniker oder Hofapotheker. 1573 sind im Einkaufsbuch des Hospitals von Sevilla, Spanien, Kartoffeln verzeichnet, die wohl als Kost für Kranke auf dem Markt gekauft wurden. Damals schrieb man der Kartoffel eine heilende Wirkung zu. So sandte König Philipp II. von Spanien dem erkrankten Papst Pius IV. im Jahr 1565 einige Knollen nach Italien.

1587 erhielt Philipp de Sivry, Präfekt von Mons in Belgien, durch Vermittlung eines päpstlichen Gesandten Knollen aus Italien unter dem Namen „Tartuffli“, kleine Trüffel. Sivry sandte die Abbildung einer Kartoffelpflanze und zweier Knollen an Carolus Clusius, den Direktor des kaiserlichen botanischen Gartens zu Wien und führenden Botaniker seiner Zeit. Clusius erstellte 1601 in seinem „Rariorum Plantarum Historia“ die erste morphologische Beschreibung der Kartoffelpflanze in lateinischer Sprache unter der Bezeichnung „Papas Peruanorum“. Er erwähnt auch Details wie unterschiedliche Blütenfarben der aus Samen (!) angezogenen Kartoffeln. Die früheste, bis auf den heutigen Tag erhaltene Erwähnung einer Kartoffelpflanze in einem Herbarium, datiert mit dem Jahre 1596, befindet sich im Botanischen Museum zu Basel in der Schweiz und trägt die Beschriftung von Caspar Bauhin. Er gab der Kartoffel den botanischen Namen *Solanum tuberosum*, der von Linné später übernommen wurde. Im England des 16. Jahrhunderts benennt der Apotheker John Gerard die Kartoffel als „Battata Virginiana“, da er fälschlicherweise annimmt, die Pflanze stamme aus Nordamerika. Gerard war so stolz auf den Besitz der Pflanze, dass er sich auf dem Titelblatt seines Pflanzenbuches „Herball“ 1597 in voller Hoftracht mit einem Kartoffelzweig in der Hand abbildete.

So wanderte die Kartoffel als Kuriosität und wertvolles Geschenk von einem Königshof zum anderen. Sie diente über eine Periode von 100 Jahren keineswegs als Ackerfrucht, sondern galt als besondere Rarität für Naturforscher und als Zierpflanze der königlichen Lustgärten.

Kartoffelpflanze im Pflanzenbuch „Hortus Eystettensis“ von Basilius Besler, 1613.

Mittelfrühe Sorten

'Adretta'

REIFEZEIT: mittelfrüh

KNOLLE: Schale ocker, genetzt, mitteltiefe Augen, Knollen rund, Fleisch hellgelb bis gelb

BLÜTE: weiß

VERWENDUNG: mehligkochend, für Püree, Klöße, Eintopf

BESONDERHEITEN: DDR 1975, NORIKA, mittlere Anfälligkeit gegen Krautfäule, gut lagerfähig, feiner Geschmack

'Allians'

REIFEZEIT: mittelfrüh

KNOLLE: Schale gelb, glatt, flache Augen, Knollen langoval, Fleisch tiefgelb

BLÜTE: weiß

VERWENDUNG: festkochend, für Kartoffelsalat, Salzkartoffeln

BESONDERHEITEN: DE 2003, Böhm Nordkartoffel, gute Lagersorte, lange Keimruhe, unbedingt vorkeimen, guter Geschmack

'Blaue Donau', 'Sarpo Blue Danube'

REIFEZEIT: mittelfrüh

KNOLLE: Schale blaulila, glatt, Augen flach, Knollen oval, Fleisch hellgelb

BLÜTE: lila, viele Blüten, lange Blütezeit

VERWENDUNG: vorwiegend festkochend, für Suppen, Salzkartoffeln, Bratkartoffeln

BESONDERHEITEN: GB 2009, Sarpo Potatoes Ltd., Wales, dunkle Triebe, dekorativ, für Projekte mit Kindern, gute allgemeine Krankheitsresistenz

'Desiree'

REIFEZEIT: mittelfrüh

KNOLLE: Schale rot, glatt, mitteltiefe Augen, Knollen langoval bis lang, Fleisch hellgelb

BLÜTE: weißrosa

VERWENDUNG: vorwiegend festkochend, für Salzkartoffeln, Bratkartoffeln, Pellkartoffeln

BESONDERHEITEN: NL 1962, W. Lange, gleichmäßige Erträge, große Knollen, toleriert Trockenheit, auf lehmigen Böden unförmige Knollen

'Ditta'

REIFEZEIT: mittelfrüh

KNOLLE: Schale gelb, genetzt, flache Augen, Knollen langoval, Fleisch gelb

BLÜTE: weiß

VERWENDUNG: festkochend, für Kartoffelsalat, Salzkartoffeln

BESONDERHEITEN: DE 1991, Otto Estorf, Kartoffelzucht Böhm, große Knollen, lange Keimruhe, gut lagerfähig

'Freya'

REIFEZEIT: mittelfrüh

KNOLLE: Schale gelb, leicht genetzt, flach bis mitteltiefe Augen, Knollen rundoval, Fleisch gelb

BLÜTE: weiß

VERWENDUNG: mehligkochend, große Knollen als Backkartoffeln, für Pürees, Klöße, Bratkartoffeln

BESONDERHEITEN: DE 1998, SaKa Pflanzenzucht, gut lagerfähig, keimruhig

'Granola'

REIFEZEIT: mittelfrüh

KNOLLE: Schale gelb, leicht rau, flach bis mitteltiefe Augen, Knollen rundoval, Fleisch gelb

BLÜTE: rotviolett

VERWENDUNG: vorwiegend festkochend, für Salzkartoffeln, Bratkartoffeln, Pellkartoffeln

BESONDERHEITEN: DE 1975, Pflanzenzucht SaKa, für alle Böden geeignet, langsame Jugendentwicklung, gut lagerfähig

'Lady Balfour'

REIFEZEIT: mittelfrüh

KNOLLE: Schale gelb mit roten Augen, glatt, mitteltiefe Augen, Knollen oval, Fleisch hellgelb

BLÜTE: keine Blüten

VERWENDUNG: vorwiegend festkochend, für Salzkartoffeln, Bratkartoffeln, Pellkartoffeln

BESONDERHEITEN: GB/Schottland 2001, für den organischen Anbau gezüchtet, hohe Pflanzen, ertragreich, Knollen gut lagerfähig

'Laura'

REIFEZEIT: mittelfrüh

KNOLLE: Schale rot, glatt, sehr flache Augen, Knollen langoval, Fleisch dunkelgelb

BLÜTE: weiß

VERWENDUNG: vorwiegend festkochend, für Salzkartoffeln, Bratkartoffeln, Pellkartoffeln

Besonderheiten: DE 1998, Kartoffelzucht Böhm, gleichmäßige Knollenform, resistent gegen mehrere Nematodenrassen, gut widerstandfähig gegen Kraut- und Knollenfäule

'Mayan Gold'

REIFEZEIT: mittelfrüh

KNOLLE: Schale goldgelb, glatt, mitteltiefe Augen, Knollen langoval, Fleisch gelb

BLÜTE: violett, viele Beeren

VERWENDUNG: vorwiegend festkochend, Fleisch mit feinkörniger Struktur, Kochzeit kürzer als andere Kartoffelsorten, daher separat kochen oder braten! Für Salzkartoffeln, Bratkartoffeln, Pellkartoffeln

BESONDERHEITEN: GB/Schottland 2001, Neuzüchtung aus der Wildart *Solanum phureja*, hohes Laub, bis Dezember verbrauchen, da geringe Keimruhe

'Mayan Twilight'

REIFEZEIT: mittelfrüh

KNOLLE: Schale rot mit gelben Augenflecken, glatt, flache Augen, Knollen langoval, Fleisch gelb mit roten Anteilen

BLÜTE: violett

VERWENDUNG: vorwiegend festkochend, von feinkörniger Struktur, Kochzeit kürzer als andere Kartoffelsorten, daher separat kochen oder braten! Für Salzkartoffeln, Bratkartoffeln, Pellkartoffeln, bis Dezember verbrauchen, verliert später an Speisequalität

BESONDERHEITEN: GB/Schottland 2008, Neuzüchtung aus der Wildart *Solanum phureja*, bis Dezember verbrauchen, da geringe Keimruhe, anfällig für Krautfäule

'Miss Blush'

REIFEZEIT: mittelfrüh

KNOLLE: rot mit großen, gelben Flecken

BLÜTE: klein und selten

VERWENDUNG: festkochend, cremiges Fleisch, extra kleine, runde Knollen bis 4 cm, mit der Schale zubereiten, als Pellkartoffel, für Salate

BESONDERHEITEN: NL 2011, wurde auf kleine Knollengröße ausgelesen, für eine Gourmetlinie in der Vermarktung

'Monalisa'

REIFEZEIT: mittelfrüh

KNOLLE: Schale gelb, glatt, flache Augen, Knollen oval, Fleisch hellgelb

BLÜTE: weiß, Blüten häufig

VERWENDUNG: vorwiegend festkochend, für Salzkartoffeln, Bratkartoffeln, Pellkartoffeln

BESONDERHEITEN: NL 1979, Knollen mittel bis groß

'Nicola'

REIFEZEIT: mittelfrüh

KNOLLE: Schale gelb, glatt, flache Augen, Knollen langoval, Fleisch mittelgelb

BLÜTE: weiß, keine Beeren

VERWENDUNG: festkochend, für Salzkartoffeln, Bratkartoffeln, Pellkartoffeln

BESONDERHEITEN: D 1973, anfällig für Krautfäule, in der Küche der Allrounder

'Pink Gipsy'

REIFEZEIT: mittelfrüh

KNOLLE: Schale rot mit gelben Augenflecken, glatt, flache Augen, Knollen langoval, Fleisch hellgelb

BLÜTE: rotviolett

VERWENDUNG: vorwiegend festkochend, für Salzkartoffeln, Bratkartoffeln, Pellkartoffeln

BESONDERHEITEN: GB/Schottland 2009, Cygnet PB, Pflanzen kompakt, mit allgemein guter Widerstandsfähigkeit gegen Krankheiten

'Quarta'

REIFEZEIT: mittelfrüh

KNOLLE: Schale gelb mit rotem Augenfleck, glatt, mitteltiefe Augen, Knollen oval, Fleisch gelb

BLÜTE: weiß

VERWENDUNG: vorwiegend festkochend, für Salzkartoffeln, Bratkartoffeln, Pellkartoffeln

BESONDERHEITEN: DE 1979, Kartoffelzucht Böhm, mittelgroße, gleichmäßig geformte Knollen, Ertrag eher gering, lange Keimruhe, anfällig für Krautfäule

'Rote Emmalie'

REIFEZEIT: mittelfrüh

KNOLLE: Schale dunkelrot, glatt, flache Augen, Knollen langoval, Fleisch rot

BLÜTE: hellrosa, viele Beeren

VERWENDUNG: vorwiegend festkochend, für Pellkartoffeln, Bratkartoffeln, bunten Kartoffelsalat

BESONDERHEITEN: DE 2012, Bioland-Züchtung Karsten Ellenberg, neigt zu früher Keimbildung

'Violetta'

REIFEZEIT: mittefrüh

KNOLLE: Schale dunkelblau, glatt, mitteltiefe Augen, Knollen langoval, Fleisch blau

BLÜTE: hellrosa

VERWENDUNG: festkochend, für Kartoffelsalat, Pellkartoffeln, Bratkartoffeln, Chips

BESONDERHEITEN: DE 2012, Bioland-Züchtung Karsten Ellenberg, mittlere Anfälligkeit für Krautfäule, guter Ertrag gleichmäßig geformter Knollen

Die 'Linda'-Story

Eine Kartoffel vor Gericht

REIFEZEIT: mittelfrüh
KNOLLE: Schale gelb, genetzt, Augen flach, Knollen langoval, Fleisch gelb
BLÜTE: hellrosa, häufig
VERWENDUNG: festkochend, als Salatkartoffel, Salzkartoffel
BESONDERHEITEN: DE 1974 (Europlant), 2009/2010 Wiederzulassung durch Karsten Ellenberg, Barum; keimruhig, gut lagerfähig, anfällig für Y-Virus

'Linda' ist besonders in Niedersachsen und Schleswig-Holstein eine beliebte Speisekartoffel. Sie ist bekannt für ihr gelbes Fleisch, ihre guten Kocheigenschaften und ihren besonderen Geschmack. Für Bio-Kartoffelanbauer war und ist sie eine Hauptsorte unter den Speisekartoffeln. Die Saatzucht Böhm züchtete 'Linda' aus den Sorten 'Hansa' und 'Clivia', sie bekam 1974 ihre Zulassung in der Bundessortenliste und Sortenschutz. Durch Firmenfusion wurde das Zuchtunternehmen Europlant der Inhaber der Sortenschutzrechte. Der Sortenschutz wird für 30 Jahre vergeben und ist nicht verlängerbar. Während der Schutzzeit darf nur der Sortenschutzinhaber und von ihm beauftragte Landwirte die Sorte vermehren und Pflanzkartoffeln davon vermarkten. Nach 30 Jahren ist der Sortenschutz abgelaufen. Die Sorten werden frei, jeder kann dann Pflanzkartoffeln von freien Sorten anbauen und vermarkten. Voraussetzung ist aber, dass die Sorte noch in einem EU-Land auf der Sortenliste zugelassen ist. Es gibt durchaus Sorten, die älter als 30 Jahre sind, so z.B. 'Adretta', 'Granola' oder 'Quarta'. Wenn sich zeigt, dass die Sorten als Speisekartoffeln am Markt nicht mehr gefragt sind, wird der Züchter aus wirtschaftlichen Gründen die Vermehrung von Pflanzkartoffeln aufgeben.

Auslaufmodell

Der Sortenschutz für 'Linda' lief Ende 2004 aus. Gleichzeitig zog Europlant die Zulassung der Sorte zurück. Für 2005 gab es ein letztes Mal Basispflanzgut, um Speisekartoffeln von 'Linda' anzubauen. Viele bäuerliche Direktvermarkter sahen ihren Kartoffelabsatz ohne die beliebte Sorte gefährdet. Interessierte Landwirte und Verbraucher schlossen sich daher zum „Freundeskreis Linda“ zusammen und kämpften für den Fortbestand der Sorte. Der Fall landete vor Gericht, da drei Landwirte ohne Erlaubnis Pflanzkartoffeln produziert hatten. Dank der Proteste des „Freundeskreis Linda“ wurde ein Vergleich geschlossen, das Bundessortenamt verlängerte die Auslaufzeit für 'Linda' bis zum 30. Juni 2007. Der Freundeskreis strebte daraufhin ein neues Zulassungsverfahren für 'Linda' an. Dabei wird 'Linda' wie eine Neuzüchtung geprüft, obwohl ihre Eigenschaften schon 30 Jahre bekannt sind.

Im April 2009 wurde 'Linda' in Großbritannien in der Sortenliste angemeldet. Dadurch war es wieder möglich, Pflanzgut zu erzeugen und in allen EU-Ländern zu vermarkten.

2010 wurde 'Linda' auch noch beim Bundessortenamt angemeldet.

'Linda' wurde zum Präzedenzfall. Der Verbraucher konnte zum ersten Mal nachvollziehen, was passiert, wenn der Sortenschutz nach 30 Jahren ausläuft und der Züchter gleichzeitig die Sortenzulassung zurücknimmt. Damit verschwindet eine Sorte vom Markt. Es darf kein Pflanzgut mehr produziert werden, sie stirbt aus. Die Züchter bestimmen, was wir auf den Teller bekommen, der Verbraucher hat wenig Einfluss darauf. Dieser Vorgang läuft von uns Verbrauchern unbemerkt bei mehreren Kartoffelsorten pro Jahr ab, aber auch bei anderen Gemüsearten oder Getreidesorten und führt zu einem Verlust an Sortenvielfalt.

'Blaue St. Galler'

Die Neue aus der Schweiz

REIFEZEIT: mittelfrüh
KNOLLE: Schale schwarzblau, glatt, flache Augen, Knollen langoval, Fleisch blau
BLÜTE: weiß, keine Beeren
VERWENDUNG: vorwiegend festkochend, mit der Schale kochen, für Pellkartoffeln, Pfannenkartoffeln, Kartoffelstampf, besonders Chips
BESONDERHEITEN: CH 2006, Christoph Gämperli, Neuzüchtung aus 'Blauer Schwede' und 'Frühe Prättigauer', gute Keimruhe, zum Pflanzen vorkeimen

Am Anfang stand einfach Neugier. Der Schweizer Agronom Christoph Gämperli wollte eine blaue Kartoffel züchten, die beim Frittieren nicht unansehnlich braun wird.

Im Sortengarten des Landwirtschaftlichen Zentrums St. Gallen standen ihm 40 Sorten für die Züchtung zur Auswahl. Den gewünschten Erfolg brachte eine Kreuzung der blaufleischigen Sorte 'Blauer Schwede' mit der gelbfleischigen Schweizer Frühkartoffelsorte 'Prättigauer'. Ein Sämling mit dunkelblauer Schale und dunkelblauem Fleisch bewährte sich beim Test in der Küche. Christoph Gämperli war zufrieden. Freunde ermunterten ihn, die Neuzüchtung schützen zu lassen. Um auf der Sortenliste eingetragen zu werden, muss die neue Kartoffelsorte homogen sein und einige Qualitätskriterien erfüllen. Diese Tests wurden in Holland durchgeführt. Nach Jahren der Prüfung wurde die Sorte unter dem Namen 'Blaue St. Galler' in der Schweiz bei der Bundesanstalt für Landwirtschaft 2006 zum Anbau zugelassen. Etwa 24 Landwirte produzieren im Kanton St. Gallen und dem Rest der Schweiz etwa 200 Tonnen Speisekartoffeln der 'Blauen St. Galler'. Mittlerweile wird sie auch in Deutschland als Nischenprodukt angebaut. Die Knollen müssen aber auch vermarktet werden. Die Bischofszeller Nahrungsmittel AG in der Schweiz zeigte Interesse und produzierte aus den blauen Knollen eine Edel-Line aus einer Mischung gelber und blauer Chips als „Royal Chips Blue". International sorgten die blauen Chips auf der PotatoEurop, einer Fachausstellung der Kartoffelwirtschaft, für Interesse. Diese blaue Neuzüchtung ist ein Beispiel, wie mit dem Genmaterial alter Sorten eine moderne Sorte entsteht.

Mayan-Sorten

Der besondere Geschmack

'Mayan Star'

REIFEZEIT: mittelspät
KNOLLE: Schale rot, glatt, mitteltiefe Augen, Knollen langoval, Fleisch gelb mit roten Partien
BLÜTE: rotviolett
VERWENDUNG: vorwiegend festkochend, für Pfannenkartoffeln, Röstkartoffeln, gedämpft
BESONDERHEITEN: GB/Schottland 2008, James Hutton Institute, Sorte aus der Phureja-Gruppe, kurze Kochzeit, Feinkostsorte, sehr geringe Keimruhe, wenig Krankheitsresistenzen

Die bisherigen sechs Mayan-Sorten entstanden in einem Zuchtprogramm des James Hutton Institutes, Invergowrie, Dundee, Schottland. Viele der britischen Sorten sind mittelweile hundert Jahre alt und mit ihren Sortenmerkmalen nicht mehr zeitgemäß, was Krankheitsresistenzen und Verbraucherwünsche anbelangt. 'Mayan Gold' (2001), 'Mayan Queen' (2008), 'Mayan Star' (2008), 'Mayan Twilight' (2008), 'Inca Sun' (2001) und 'Inca Dawn' (2003) sind diploide Kartoffelsorten der *Phureja*-Gruppe. Die *Phureja*-Herkünfte stammten aus der britischen Kartoffel-Genbank CPC. *Phureja*-Kartoffeln sind nach den Sorten, die von *Solanum tuberosum* abstammen, die am zweithäufigsten kultivierte Kartoffelart in den Anden. Blüten und Knollenansatz finden im Kurztag statt. Die Knollen entwickeln keine Keimruhe, wie wir es von unseren Kartoffeln kennen. Sie treiben gleich wieder aus, wenn sie ausgewachsen sind. Durch Kreuzung mit *S. tuberosum* wurden diese Eigenschaften an die europäischen Kulturbedingungen angepasst. Die Mayan-Sorten sind die ersten *Phureja*-Sorten, die auf den europäischen Markt kommen. Das eigentliche Ziel war die Erweiterung der genetischen Basis unserer europäischen tetraploiden Kartoffelsorten. Vermarktet werden sie als Nischenprodukte wegen ihres besonderen Geschmacks, der sich von den bisherigen Kartoffelsorten unterscheidet. Die Kochzeit der Knollen ist um ein Drittel kürzer. In Großbritannien wird die Sorte 'Mayan Gold' von Greenvale Potatoes exklusiv für die Einzelhandelskette TESCO vermarktet. Zu Weihnachten kann man sie in einer exklusiven Präsentbox kaufen.

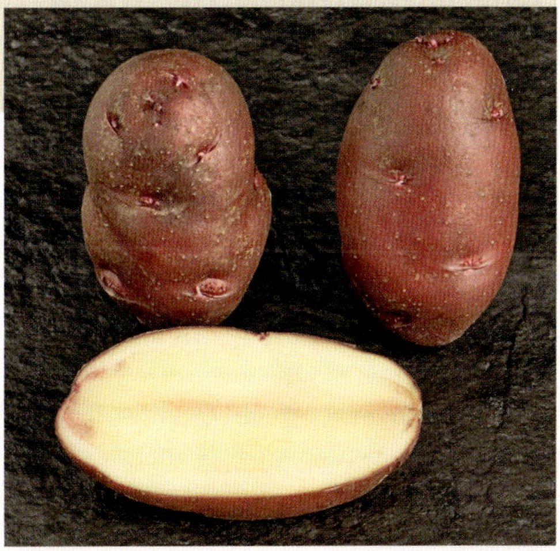

Was der Bauer nicht kennt …

▶ Noch immer hatte die Kartoffel mit Vorurteilen zu kämpfen und der feldmäßige Anbau verbreitete sich nur zögernd. Doch Not macht erfinderisch.

Fast jeder kennt im Zusammenhang mit der Einführung der Kartoffel in Deutschland die Namen der Preußenkönige. Der Große Kurfürst Friedrich Wilhelm ließ im Jahre 1651 Kartoffeln zum ersten Mal im Berliner Lustgarten anpflanzen. Sein Enkel, Friedrich Wilhelm I., befürwortete den Kartoffelanbau und drohte, demjenigen Ohren und Nase abschneiden zu lassen, der sich weigerte, Kartoffeln anzupflanzen. Der Durchbruch des Kartoffelanbaus in Schlesien und Pommern kam erst unter Friedrich dem Großen. Im Jahre 1744 verfügte er die Verteilung von Pflanzkartoffeln an die Bauern und vermittelte in zwei Briefen 1756/57, dem berühmten „Kartoffelbefehl", Anweisungen zur Kultur, Ernte, Lagerung und Verwendung der neuen Frucht. Die praktische Durchführung der Dekrete ließ er durch Landdragoner überwachen. Der Soldatenkönig hatte die Kartoffel nicht nur als wertvolle Volksnahrung erkannt, sondern auch als Verpflegung des Militärs, denn satte Soldaten kämpfen besser. Trotzdem war der Erfolg der Dekrete nicht groß. Die Hungersnot und Teuerung der Lebensmittel nach dem Siebenjährigen Krieg (1756–63) bewirkten schließlich eine Etablierung der Kartoffelkultur in Preußen und Schlesien. Durch wandernde Arbeiter und Handwerker gelangte die Kartoffel in die verschiedenen Regionen Deutschlands, ins Vogtland schon 1648, nach Niedersachsen und Westfalen 1640, nach Württemberg 1710, nach Sachsen um 1720.

Entwicklung der Anbautechnik

Die Kartoffel traf auf ein veraltetes Agrarsystem. Bis Mitte des 19. Jahrhunderts waren die Bauern noch Leibeigene, die zahlreiche Hand-, Spann- und Gesindedienste für den Grundherrn sowie Abgaben von ihrer Ernte zu leisten hatten. Erst mit der Agrarreform um 1848 wurden diese Abhängigkeiten abgeschafft. Mit der Abschaffung des Flurzwanges und der Dreifelderwirtschaft konnte das Brachefeld für den Anbau von Kartoffeln genutzt werden.

Im Unterschied zum Getreideanbau war der Kartoffelanbau aufwendiger. Das Getreide wurde per Hand breitwürfig ausgesät, die Kartoffeln einzeln in Reihen gepflanzt. Auf dem Getreidefeld erfolgte die Bodenbearbeitung mit dem Pflug. Es wurde zwischen Saat und Ernte

Auf der Grabplatte Friedrichs des Großen werden von Besuchern im Park von Sanssouci Kartoffeln niedergelegt.

Alter Kartoffelroder mit schräg stehenden Schleuderrädern.

bis auf das Ausstechen von Disteln nicht mehr bearbeitet. Das Kartoffelfeld hingegen wurde nach dem Pflanzen geeggt, gehäufelt und es wurde zwei- bis dreimal Unkraut gehackt. Um einen Hektar mit Kartoffeln zu bepflanzen, waren 3 Pflüger und 4 Einlegerinnen einen Tag lang beschäftigt.

Die Ernte im Herbst erfolgte mit langstieligen Hacken oder auf größeren Betrieben mit dem Pflug. Ab 1870 gab es Erntemaschinen wie Schleuderradroder, die die Knollen mit rotierenden Grabegabeln aus dem Damm schleuderten. Albrecht Thaer kalkulierte den Arbeitskräftebedarf pro Hektar mit 32 Frauen und 3 Männern, die die Knollen aufsuchten, die vollen Körbe in Säcke schütteten und zu einem Wagen brachten. Die Knollen wurden entweder auf dem Feld eingemietet oder zum Hof gefahren und dort eingekellert. Mit Beginn der 50er-Jahre des 20. Jahrhunderts wurde die Zugkraft von Pferden und Ochsen durch Ackerschlepper ersetzt. Mit der höheren Zugleistung konnten Vollernter zum Einsatz kommen, die mit Siebtrommeln, Förderbändern und Bunkerwagen ausgerüstet die Kartoffeln in einem Arbeitsgang abernteten. Der Bedarf an Arbeitskräften wurde dadurch drastisch reduziert.

Knollen für Maschinen

Die Maschinen beeinflussen auch das Aussehen der Kartoffeln. Sorten mit gleichmäßig großen, ovalen Knollen lassen sich maschinell besser verarbeiten als lange, dünne Knollen oder solche mit dünner Schale, die zu Beschädigungen neigen. Die Mechanisierung ist damit auch ein Grund, warum bestimmte Sorten von den Feldern verschwunden sind.

Mittelspäte bis späte Sorten

'Arran Victory'

REIFEZEIT: spät

KNOLLE: Schale lila, Augen tief, Knollen rundoval, Fleisch hellgelb

BLÜTE: weiß, selten Beeren

VERWENDUNG: mehligkochend, für Püree, Klöße, Eintöpfe

BESONDERHEITEN: GB/Schottland 1918, hohes Laub, mittlerer Ertrag, anfällig gegen Nematoden, Krautfäule

'Blaue Anneliese'

REIFEZEIT: mittelspät bis spät

KNOLLE: Schale blauschwarz, glatt, flache Augen, Knollen oval, Fleisch dunkelblau

BLÜTE: weiß

VERWENDUNG: festkochend, für Salzkartoffeln, Bratkartoffeln, Pellkartoffeln

BESONDERHEITEN: DE 2007, Ellenberg, mit Schale kochen, damit Farbstoffe nicht ausbluten, geringe Anfälligkeit gegen Krautfäule, hohe Nematodenresistenz

'Cara'

REIFEZEIT: spät

KNOLLE: Schale hellgelb mit roten Augenflecken, mitteltiefe Augen, Knollen rundoval, Fleisch hellgelb

BLÜTE: weiß, wenige Beeren

VERWENDUNG: vorwiegend festkochend, für Salzkartoffeln, Bratkartoffeln, Pellkartoffeln

BESONDERHEITEN: IE 1976, robuste Sorte, gleichmäßig in Ertrag und Knollenform, gute allgemeine Blattgesundheit

'Fasan'

REIFEZEIT: mittelspät bis spät

KNOLLE: Schale gelb mit roten Flecken, rau, mitteltiefe Augen, Knollen rundoval, Fleisch hellgelb

BLÜTE: weiß, häufig

VERWENDUNG: mehligkochend, für Püree, Klöße

BESONDERHEITEN: DE 1997, NORIKA, anfällig für Eisenfleckigkeit, mittlere Anfälligkeit gegen Krautfäule, sehr gut lagerfähig

'Heiderot'

REIFEZEIT: mittelspät

KNOLLE: Schale rot, glatt, flache Augen, Knollen langoval, Fleisch hellrot

BLÜTE: weiß

VERWENDUNG: festkochend, für Salzkartoffeln, Bratkartoffeln, Pellkartoffeln

BESONDERHEITEN: DE 2013, Karsten Ellenberg, mittlere Anfälligkeit gegen Krautfäule, gute Nematodenresistenzen, für ökologischen Anbau geeignet

'Jelly'

REIFEZEIT: mittelspät

KNOLLE: Schale gelb, genetzt, flache Augen, Knollen oval, Fleisch gelb

BLÜTE: weiß

VERWENDUNG: vorwiegend festkochend, für Salzkartoffeln, Bratkartoffeln, Pellkartoffeln

BESONDERHEITEN: DE 2002, Kartoffelzucht Böhm, gleichmäßige Knollen, empfohlen für leichte Böden, sehr gut zum Einlagern, Resistenz gegen Nematoden

'Marena'

REIFEZEIT: mittelspät bis spät

KNOLLE: Schale gelb, genetzt, Augen flach, Knollen rundoval, Fleisch hellgelb

BLÜTE: weiß

VERWENDUNG: vorwiegend festkochend, für Salzkartoffeln, Bratkartoffeln, Eintöpfe, Pellkartoffeln

BESONDERHEITEN: DE 1995, Kartoffelzucht Böhm, ertragreich auf guten Böden, gut lagerfähig, sehr keimruhig

'Melody'

REIFEZEIT: mittelspät

KNOLLE: Schale gelb, flache Augen, Knollen oval, Fleisch gelb

BLÜTE: rosa, wenig Blüten

VERWENDUNG: mehligkochend, für Eintöpfe, Klöße, Püree, Pellkartoffeln, Backkartoffeln

BESONDERHEITEN: NL 2000, große Knollen, für bessere Böden, sonst eisenfleckig, gut lagerfähig, mittlere Anfälligkeit für Krautfäule

'Red King Edward'

REIFEZEIT: mittelspät

KNOLLE: Schale gelb mit großen roten Sprenkeln, glatt, mitteltiefe Augen, Knollen oval, Fleisch hellgelb

BLÜTE: violettrosa

VERWENDUNG: vorwiegend festkochend bis mehlig, für Salzkartoffeln, Bratkartoffeln, Pellkartoffeln, Backkartoffeln

BESONDERHEITEN: GB 1916, rote Mutante der Sorte 'King Edward', bildet große Knollen, mittlere Lagerfähigkeit, anfällig für Krautfäule

Sarpo-Sorten

Züchtung gegen Krautfäule

'Sarpo Axona'

REIFEZEIT: mittelspät
KNOLLE: Schale rot, glatt, mitteltiefe Augen, Knollen oval, Fleisch hellgelb
BLÜTE: rosa, wenig Beeren
VERWENDUNG: vorwiegend festkochend,
BESONDERHEITEN: GB/Wales, Sarvari Research Trust 2004, gute Keimruhe, kompakte Stauden, zum Pflanzen vorkeimen

Sind sie der Durchbruch in der Resistenzzüchtung gegen Krautfäule? 'Sarpo Mira' war die erste Sorte der Sarpo-Kartoffeln, die auf den Markt kam. Sie wurde speziell auf die Resistenz gegen Krautfäule und Viruskrankheiten ausgelesen.

Diese Arbeit hat die Familie Sarvari vor 40 Jahren in Ungarn begonnen. Der damalige Direktor des ungarischen Keszthely Forschungsinstitutes, Dr. Sarvari, sollte für die UDSSR Sorten züchten, die ohne chemischen Pflanzenschutz in unterschiedlichsten Klimazonen bestehen konnten. Für die Züchtung nutzte Dr. Sarvari Wildkartoffeln aus Südamerika und Mexiko aus der Vavilov-Genbank. Der schottische Züchter Adam Anderson wurde bei einem Besuch von Kartoffel-Versuchsfeldern in Rumänien auf die Sarvari-Sorten aufmerksam. Die Züchtungs- und Testarbeiten wurden in Großbritannien fortgesetzt. Dazu wurde 2002 die Sarvari Forschungs-Stiftung in North Wales gegründet. Die Sorten werden über die Firma Sarpo Potatoes Ltd. vermarktet. Bisher wurden sieben Sorten angemeldet.

Das Zuchtziel sind Kartoffelsorten, die sich für den organischen Anbau, den Anbau im Hausgarten sowie zum Anbau in Entwicklungsländern eignen und ohne chemischen Pflanzenschutz auskommen. Die Sorten sind keimruhig und gut lagerfähig. Die Sarpo-Sorten sind sehr wüchsig und bilden früh nach dem Pflanzen ihr Laub, das die Reihen schließt. Dadurch wird der Aufwuchs von Unkraut zwischen den Kartoffelreihen unterdrückt. Im Herbst wächst das Kraut lange weiter. Wer keine großen Knollen wünscht, kann das Kraut abschneiden, damit die Knollen ausreifen.

Kartoffelzüchtung heute – wie viele Sorten braucht der Mensch?

▶ Der Kartoffelanbau schien nach der Krautfäule-Epidemie 1845–48 völlig infrage gestellt. Durch die Notlage wurde eine planmäßige Kartoffelzüchtung in Gang gesetzt.

Neben dem Verlust des Nahrungsmittels war der genetische Verlust an Sortenvielfalt schwerwiegend. Keine der bestehenden Sorten blieb von der Krankheit verschont. Diese Notlage war der Beginn der planmäßigen Kartoffelzüchtung. Im Katalog der Kartoffelausstellung 1875 in Altenburg/Sachsen wurden zur Sichtung der Sortenvielfalt über 600 Proben zusammengetragen. Sie sahen ihren Urvätern aus Südamerika recht ähnlich und auch die Schalenfarben von gelb, rot und blau waren vertreten. Man unterschied Frühkartoffeln, die zu Jakobi (25. Juli) reiften, und *Herbsttüffeln* für die Winterlagerung.

Der Züchter vermehrt Kartoffeln als Mikrostecklinge im Labor auf künstlichem Nährboden.

Für die Resistenzzüchtung wurden Wildkartoffeln und Sorten zur „Blutauffrischung" von Expeditionen aus Südamerika nach Europa geholt. Man kreuzte gezielt widerstandsfähige Wildarten und zog Sämlinge heran, die auf Krankheitsresistenz ausgelesen wurden. Ständig befinden sich die Züchter im Wettlauf mit neuen Krankheitserregern und Schädlingen, dem sich wandelnden Geschmack der Verbraucher sowie den Anforderungen der kartoffelverarbeitenden Industrie.

Moderne Kartoffelzüchtung

Die Entwicklung einer neuen Kartoffelsorte dauert trotz Einsatz moderner Zuchttechnik etwa 10–12 Jahre. Moderne Sorten müssen zahlreiche Zuchtziele vereinen, wie Qualität (Form der Knolle, Schalenfestigkeit, Speisewert, Inhaltsstoffe) und Krankheitsresistenz (gegen Nematoden, Blattroll- und Y-Virus, Krautfäule), aber auch Vollernteverträglichkeit und Lagerfestigkeit. Jede Sorte stellt einen Kompromiss dar, da es nie gelingt, jede gewünschte Eigenschaft in hoher Ausprägung in einer Sorte zu vereinigen. Aussichtsreiche Formen werden von

Internationales Kartoffelzentrum Peru, CIP

Die Genbank in Lima, Peru, sammelt und konserviert Sorten und Wildarten von Kartoffeln und anderen andinen Knollengewächsen. Sie stellt sicher, dass die genetischen Ressourcen, die für unsere Ernährung wichtig sind, über lange Zeit für die Zukunft gesichert und für Landwirte, Züchter und Forscher verfügbar sind. Vielfalt ist die Lebensversicherung der Natur.

den Züchtern beim Bundessortenamt zur amtlichen Prüfung angemeldet. Dort werden sie in mehrjährigem Anbau geprüft, dann werden sie zugelassen und der Züchter kann Sortenschutz beantragen. Nur von zugelassenen Sorten darf Pflanzgut vermehrt und in den Handel gebracht werden. Das von Lizenzbetrieben vermehrte Pflanzgut wird vom Pflanzenschutzamt kontrolliert, bevor es in den Handel gebracht werden darf.

Einige Sorten schaffen die Anerkennung als Neuheit nicht. Andere Sorten sind in ihren Eigenschaften überholt und werden vom Züchter abgemeldet. Wann eine Sorte „alt", d. h. mit ihren Werteigenschaften überholt ist, kann man nicht vorhersagen. Es gibt in der aktuellen Sortenliste „Dauerbrenner" wie die Sorten 'Bintje' (1935), 'Sieglinde' (1935) und 'Granola' (1975). Andere Sorten verschwinden nach 5–8 Jahren wieder aus den Sortenlisten.

In der Genbank

Die Kartoffel besitzt mit ihren zahlreichen Wildarten und weltweiten Sorten die umfangreichste Genreserve unserer Kulturpflanzen. Damit diese nicht verloren gehen und Züchter sie nutzen können, werden in Deutschland Muster in der Genbank in Groß Lüsewitz (Leibnitz-Institut für Pflanzengenetik und Kulturpflanzenforschung) aufbewahrt. Die Sammlung umfasst über 5900 Muster, darunter 2600 Sorten. Hier findet man dann z. B. die Sorten, die aus der Bundessortenliste abgemeldet wurden. Zum Bestand gehören auch 133 wilde und kultivierte botanische Arten mit etwa 2900 Herkünften. Die Genbank gibt Pflanzenmaterial an interessierte Züchter und Privatpersonen ab, so muss keine Entnahme am Naturstandort in Südamerika erfolgen.

Die Kartoffelsorten werden mittels In-vitro-Kultur als Mikroknollen im Labor erhalten.

Liebhabersorten für Sammler

'Aeggeblomme' (Eigelb)

REIFEZEIT: spät

KNOLLE: Schale gelb, schwach genetzt, Augen mittel bis tief, rund, Fleisch gelb

BLÜTE: weiß

VERWENDUNG: festkochend, für Pellkartoffeln, Kartoffelsalat, Bratkartoffeln

BESONDERHEITEN: DK, Alter unbekannt, soll um 1860 aus Deutschland eingeführt worden sein, bildet viele kleine Knollen

'Angeliter Tannenzapfen'

REIFEZEIT: mittelspät

KNOLLE: Schale rosa, glatt, Augen mittel bis tief, Knollen fingerförmig lang, teils verzweigt, Fleisch hellgelb

BLÜTE: weiß

VERWENDUNG: festkochend, für Pellkartoffeln, Kartoffelsalat, Bratkartoffeln

BESONDERHEITEN: DE, aus Angeln, Schleswig-Holstein, Liebhabersorte aus bäuerlichem Erhaltungsanbau, hohes Laub, könnte mit Pink Fir Apple identisch sein

'Asparges' 'Dänische Spargelkartoffel'

REIFEZEIT: mittelspät

KNOLLE: Schale gelb, glatt, mitteltiefe Augen, Knollen lang, können sehr groß werden, Fleisch hellgelb

BLÜTE: rosa, wenig Beeren

VERWENDUNG: festkochend, mit Schale kochen, für Pellkartoffeln, Kartoffelsalat

BESONDERHEITEN: DK 1872, soll aus Deutschland stammen, in Dänemark Feinkostsorte, hohes Laub, ertragreich, wenn vorgekeimt und früh gepflanzt, anfällig für Krautfäule, Nematoden

'Augsburger Gold'

REIFEZEIT: spät

KNOLLE: Schale gelb, rau, genetzt, Augen tief, Knollen rundoval, Fleisch gelb

BLÜTE: hellrosa

VERWENDUNG: mehligkochend, für Suppen, Kartoffelteig, Schupfnudeln, Bratkartoffeln

BESONDERHEITEN: DE, Augsburg, alte regionale Sorte, war ausgestorben, Pflanzen wurden aus der Genbank rekultiviert

'Bintje'

REIFEZEIT: mittelfrüh bis mittelspät

KNOLLE: Schale gelb, glatt, mitteltiefe Augen, Knollen langoval, Fleisch hellgelb

BLÜTE: weiß, selten, keine Beeren

VERWENDUNG: vorwiegend festkochend bis mehlig, für Suppen, Salzkartoffeln, Bratkartoffeln, Pommes frites

BESONDERHEITEN: NL 1910, setzt früh Knollen an, eine frühe Knollenernte ist möglich, anfällig für Krautfäule und andere Krankheiten, tolerant gegen Trockenheit

'Blauer Schwede'

REIFEZEIT: mittelfrüh bis mittelspät

KNOLLE: Schale dunkelblau, glatt, mitteltiefe Augen, Knollen langoval, Fleisch blau marmoriert, weiße Rindenschicht

BLÜTE: blaulila

VERWENDUNG: vorwiegend festkochend, blaue Fleischfarbe verblasst beim Kochen, für Pellkartoffeln, Kartoffelsalat, Bratkartoffeln, Chips

BESONDERHEITEN: alte Sorte, genaue Herkunft unbekannt, ursprünglich evtl. aus den USA, Kartoffelstaat Idaho, auch als 'Blue Congo', 'Idaho Blue', 'Blaue Hindelbank' bezeichnet, in USA 'All Blue', dunkle Stängel, dunkelgrünes Blatt, hohe Pflanzen, Knollen gut lagerfähig

'Bleue d'Auvergne'

REIFEZEIT: spät

KNOLLE: Schale lila, genetzt, mitteltiefe Augen, Knollen rundlich, Fleisch hellgelb

BLÜTE: violett, häufig, wenig Beeren

VERWENDUNG: mehligkochend, für Püree, Klöße

BESONDERHEITEN: FR 1885, aus dem Zentralmassiv, alte Sorte, auch Violette genannt, anfällig für Krautfäule, wenig Krankheitsresistenzen

'Early Rose' 'Frühe Rosenkartoffel'

REIFEZEIT: früh

KNOLLE: Schale rosa, rau, Augen mitteltief, Knollen oval, mittelgroße bis große Knollen, Fleisch hellgelb

BLÜTE: weiß, kaum Beeren

VERWENDUNG: vorwiegend festkochend bis mehlig, für Salzkartoffeln, Pellkartoffeln, Backkartoffeln, Püree

BESONDERHEITEN: USA 1861, alte Sorte, in Europa eine Ausgangssorte für zahlreiche frühreife Sorten, leider recht krankheitsanfällig

'Hansa'

REIFEZEIT: mittelfrüh

KNOLLE: Schale gelb, glatt, flache Augen, Knollen langoval, Fleisch gelb

BLÜTE: weiß, häufig

VERWENDUNG: festkochend, für Kartoffelsalat, Salzkartoffeln

BESONDERHEITEN: DE 1956, Vereinigte Saatzuchten Ebstorf, anspruchsvoll in Bezug auf Bodenbedingungen, gut lagerfähig

'Heideniere'

REIFEZEIT: mittelfrüh

KNOLLE: Schale ocker, nieren- bis kipflerförmig, Fleisch gelb

BLÜTE: weiß, selten, keine Beeren

VERWENDUNG: festkochend, für Pellkartoffeln, Kartoffelsalat, Salzkartoffeln, Bratkartoffeln

BESONDERHEITEN: DE 1953, seit 2011 wieder als Erhaltungssorte zugelassen, Knollen eher klein, mittlere Anfälligkeit für Krautfäule

'Highland Burgundy Red'

REIFEZEIT: mittelspät

KNOLLE: Schale dunkelrot, rau, Augen mitteltief, langoval, Fleisch rot mit weißer Rinde

BLÜTE: weiß, wenige Blüten

VERWENDUNG: mehligkochend, für Pellkartoffeln, Bratkartoffeln, kalt auch für Kartoffelsalat, Fleisch manchmal etwas faserig

BESONDERHEITEN: GB/Schottland 1844?, alte Sorte, Ertrag gering, gute Show-Kartoffel für Ausstellungen

'Institut de Beauvais'

REIFEZEIT: mittelspät bis spät

KNOLLE: Schale gelb, Augen tief, Knollen flachoval, fast kantig, Fleisch weiß

BLÜTE: weiß, selten Beeren

VERWENDUNG: mehligkochend, für Püree, ergibt fast weißen „Kartoffelschnee", Klöße, Eintöpfe

BESONDERHEITEN: FR 1856, am Institute agricole de Beauvais, in Frankreich auch 'Reine blanche' (Weiße Königin) genannt, große Knollen, anfällig für Krautfäule, gut lagerfähig

'Mehlige Mühlviertler'

REIFEZEIT: mittelspät

KNOLLE: Schale gelb, rau, Augen tief, Knollen rundoval, Fleisch hellgelb

BLÜTE: weiß

VERWENDUNG: mehligkochend, für Püree, Klöße, Eintöpfe

BESONDERHEITEN: AT, alte Landsorte, aus dem Mühlviertel, Alter unbekannt, Klassiker für die österreichisch-böhmische Knödelküche, gut lagerfähig

'Odenwälder Blaue'

REIFEZEIT: mittelspät

KNOLLE: Schale dunkellila, Augen tief, Knollen rundlich, Fleisch cremeweiß

BLÜTE: hellblau

VERWENDUNG: mehligkochend, für Püree, Klöße, Eintöpfe

BESONDERHEITEN: DE 1908, Kartoffelzucht Böhm, starke Blattentwicklung, mittelgroße Knollen

'Puikula' / 'Mandelkartoffel' (Lapin Puikula)

REIFEZEIT: mittelfrüh, zur Mittsommerzeit

KNOLLE: Schale gelb, Augen flach, Knollen langoval, Fleisch gelb

BLÜTE: weiß

VERWENDUNG: vorwiegend festkochend, für Salzkartoffeln, Bratkartoffeln, Pellkartoffeln

BESONDERHEITEN: FI 1940, in Lappland, Finnland eine Feinschmeckersorte, seit 1996 als geschützte geografische Herkunft, eher kleine Knollen, anfällig für Krautfäule

'Ratte'

REIFEZEIT: mittelfrüh

KNOLLE: Schale gelb, glatt, mitteltiefe Augen, Knollen fingerlang, Fleisch gelb

BLÜTE: rosa, wenig Beeren

VERWENDUNG: festkochend, für Kartoffelsalat, Pellkartoffeln, Wedges

BESONDERHEITEN: FR 1872, in der Schweiz als „Acht-Wochen-Nuedeli“ bekannt, Feinkostsorte, ihr Anbau wurde in Frankreich in den 1960er-Jahren erfolgreich wiederbelebt, bildet viele mittelgroße bis kleine Knollen, anfällig für Krautfäule

'Rosa Tannenzapfen' 'Pink Fir Apple'

REIFEZEIT: mittelspät

KNOLLE: Schale rosa, glatt, Augen mittel bis tief, Knollen fingerförmig lang, teils verzweigt, Fleisch gelb

BLÜTE: weiß, keine Beeren

VERWENDUNG: festkochend, für Kartoffelsalat, Pellkartoffeln, Bratkartoffeln

BESONDERHEITEN: GB vor 1850, auch in Deutschland und andere Länder bekannt, eine der ältesten Sorten, die noch angebaut werden, kräftiger Geschmack, hohe Dämme aufbauen, da sonst die Knollen grün werden, anfällig für Nematoden

'Schwarze Ungarin'

REIFEZEIT: mittelfrüh

KNOLLE: Schale dunkellila, Augen flach, Knollen oval, Fleisch hellgelb

BLÜTE: lilarosa

VERWENDUNG: mehligkochend, für Püree, Klöße, Gnocchi, Rösti, Pellkartoffeln

BESONDERHEITEN: HU vor 1900, alte Landsorte, Knollen eher klein, Staude robust

'Ackersegen'

Sattmacher der 50er-Jahre

REIFEZEIT: spät
KNOLLE: Schale gelb, schwach genetzt, flache Augen, Knollen rundoval, etwas platt, Fleisch gelb
BLÜTE: weiß, reichblühend
VERWENDUNG: mehligkochend, als Backkartoffel, für Püree, Eintöpfe
BESONDERHEITEN: DE, seit 1929 im Handel, ab 1956 in der Sortenliste, Kartoffelzucht Böhm, Lüneburg, Einkellerungs- und Futterkartoffel, gering anfällig für Krautfäule, hoch für Y-Virus

Den älteren Kartoffelliebhabern klingt dieser Name noch im Ohr. Die Sorte der Kartoffelzucht Böhm entstand aus einer Kreuzung der Sorten 'Hindenburg' und 'Allerfrüheste Gelbe'. Sie brachte große Knollen und galt als anspruchslose Speise- und Futterkartoffel. Sie wird als anpassungsfähig beschrieben, geeignet für den Anbau auf allen Böden. Die Anfälligkeit gegen Kraut- und Knollenfäule wurde damals als gering beschrieben. Dagegen ist sie hoch anfällig gegen das Y-Virus. 1957/1958 hatte sich dieses Virus stark ausgebreitet und im Kartoffelanbau große Schäden verursacht. Symptome eines Y-Virus-Befalls sind schwarze Strichelungen auf den Kartoffelblättern, die Blätter trocknen ein. Wegen fehlender Blattmasse bleiben die Knollen klein, auf ihnen erkennt man ringförmige Eintrocknungen. Der Virusbefall kann Ertragseinbußen von 60–80 % verursachen. Als Überträger der Viruspartikel fungieren Blattläuse, die Pflanzensaft saugen, vor allem die Pfirsichblattlaus. Der Kartoffelmarkt forderte nach diesen Missernten Sorten mit besserer Krankheitsresistenz gegen Virosen und Nematoden. Dies gab den Anlass zu gezielter Resistenzzüchtung bei Kartoffeln und einer gesicherten Erzeugung virusfreier Pflanzkartoffeln. Die Sorte 'Ackersegen' hat sich von dem Viruseinbruch nicht erholt und wurde 1968 aus der Sortenliste gestrichen. Seit 2011 ist 'Ackersegen' als Erhaltungssorte wieder in der Bundessortenliste eingetragen.

Der Namen „Ackergold" bezeichnet keine Kartoffelsorte, sondern eine Handelsmarke, die von der Centralen Marketinggesellschaft (CMA) eingeführt wurde.

'Bamberger Hörnle'

Kultknollen aus Franken

REIFEZEIT: mittelspät

KNOLLE: Schale hellrosa, glatt, mitteltiefe Augen, Knollen fingerlang, Fleisch hellgelb

BLÜTE: weiß

VERWENDUNG: festkochend, als Pellkartoffel mit Schale kochen, für Kartoffelsalat

BESONDERHEITEN: DE seit ca. 1854, Landsorte aus Bamberg, Franken, Feinkostsorte, niedrige Stauden mit wenig Laub, Ertrag gering, kaum Krankheitsresistenzen

Wer in Bamberg nach „Bamberger Hörnla" fragt, wird meist von Passanten in die nächste Bäckerei geschickt, denn so heißen dort die Butterhörnchen. Mittlerweile ist die Kartoffelsorte aber so bekannt geworden, dass sie selbst Hamburgern ein Begriff ist und für ein Kilogramm der Knollen stolze Preise bis 12 € gezahlt werden. Das 'Bamberger Hörnle' gehört zu den ältesten noch angebauten Kartoffelsorten in Deutschland und wurde in seiner Ursprungsregion Franken nie ganz vergessen.

Der Gemüsegärtner Adalbert Eichelsdöfer aus Dörfleins war einer der Letzten, die diese Sorte noch angebaut und sie auf seinem Marktstand in Bamberg angeboten hat. Trotz der schwierigen Kultur und Handarbeit bei der Ernte der virusgeschwächten Pflanzen hielt er an der Sorte fest. Der Ertrag pro Staude ist gering. Der Anbau erfolgt auf den leichten Schwemmlandböden des Mains. Slow Food Deutschland e.V. setzte sich für den Erhalt der Sorte ein und machte sie 2005 zum Arche-Passagier. Dies brachte der Sorte überregionale Aufmerksamkeit. 2006 wurde in Bamberg ein Förderverein gegründet, unterstützt durch die bayerische Landwirtschaftsverwaltung. Eine Erhaltungszüchtung wurde etabliert, um virusfreie, gesunde Pflanzkartoffeln zu erzeugen. Die Sorte ist seit 2012 als Erhaltungssorte in der Bundessortenliste eingetragen. Seit 2013 tragen die Speisekartoffeln der 'Bamberger Hörnle' das blaue EU-Siegel der geschützten geografischen Herkunft. Danach dürfen echte 'Bamberger Hörnle' nur in Franken angebaut und geerntet werden. Die Anbaufläche in Franken wird auf etwa 7 ha geschätzt.

'Schwarzblaue aus dem Frankenwald'

Rarität aus vergangener Zeit

REIFEZEIT: mittelspät bis spät

KNOLLE: Schale dunkellila, genetzt, Augen mitteltief, Knollen rundlich, Fleisch hellgelb

BLÜTE: weißblau, selten

VERWENDUNG: mehligkochend, als Pellkartoffel, für Püree, Klöße, Eintöpfe

BESONDERHEITEN: DE, Landsorte aus dem Frankenwald, Bayern, kräftiger Geschmack, lange Keimruhe, anfällig für Krautfäule und Eisenflecken

Ein Anbau von Kartoffeln ist in Oberfranken schon Mitte des 17. Jahrhunderts belegt durch den Bauern Hans Rogler in Pilgramsreuth. Über die ursprünglich angebauten Sorten ist wenig bekannt. Die meisten sind wohl durch die Krautfäule-Epidemie 1846–1849 ausgestorben. So ist die alte Landsorte 'Schwarzblaue aus dem Frankenwald' eine Rarität aus vergangener Zeit. Sie wird im Frankenwald im Nordosten Bayerns, begrenzt durch die Orte Kronach, Ludwigsstadt und Naila, noch in geringem Umfang angebaut. Die Sorte ist aber in einem größeren Gebiet bekannt, wie Umfragen ergaben. Die fortschreitende Aufgabe von landwirtschaftlichen Betrieben führt zum Rückgang des Kartoffelbaus in der Region. 2011 wurde die 'Schwarzblaue' nur von zwei Landwirten in Carlsgrün angebaut. Einer von ihnen ist Fritz Gebelein, der die selbst geernteten 'Schwarzblauen' in seinem Gasthof „Adelskammer" anbietet. Die mehligen „Ärpfl" gehören als Pellkartoffeln und „Klees" (Klöße) zur regionalen Küche. Das geringe Interesse am Anbau der alten Sorte liegt im unsicheren und geringen Ertrag bedingt durch virusbefallenes Pflanzgut, das über Jahre durch eigenen Nachbau erhalten wurde. Eine ausführliche Charakterisierung der Sorte hat Robert Bauer in seiner Masterarbeit 2011 an der Uni München-Weihenstephan gegeben. Seit 2014 ist die 'Schwarzblaue' Arche-Passagier bei Slow Food Deutschland e.V. Es wurde ein Förderverein gegründet, dem mittlerweile sechs Erzeugerbetriebe angehören. Mithilfe der Bayerischen Landesanstalt für Landwirtschaft konnte virusfreies Pflanzgut erzeugt werden. Seit 2015 ist die 'Schwarzblaue' als Erhaltungssorte beim Bundessortenamt zugelassen.

'Vitelotte Noire'

Knollen wie schwarze Trüffel

REIFEZEIT: spät

KNOLLE: Schale schwarzblau, Augen tief, Knollen lang, zylindrisch, Fleisch blauweiß marmoriert

BLÜTE: weiß, häufig

VERWENDUNG: festkochend, aber stärkereich, als Salatkartoffel

BESONDERHEITEN: FR, historische Sorte, schon 1817 erwähnt, dekorative Pflanze mit dunklen Stängeln, eher kleine Knollen, kräftiger Geschmack, lange Keimruhe, anfällig für Krautfäule

'Vitelotte Noire', 'Negresse' oder 'Blaue französische Trüffelkartoffel' wird diese außergewöhnliche Feinkostsorte, die ihren Ursprung in Frankreich hat, auch genannt. Die Knollen ähneln mit ihrer dunklen Schale eher einer Trüffel als einer Kartoffel. Sterneköche verwenden sie gerne für blauen Kartoffelsalat mit Kräuterdressing. Sie wird noch in Südfrankreich kultiviert, ist dort wegen ihres besonderen Geschmacks sehr beliebt und wird als Feinkost vermarktet. Die blaue Fleischfarbe bleibt beim Kochen erhalten. Biss und Geschmack erinnern an Esskastanien und unterscheiden sich von den üblichen Kartoffelsorten. Sie reifen spät, vermutlich bilden sich die Knollen erst, wenn die Tage im Herbst kürzer werden. Der Ertrag liegt ungefähr bei einem Drittel der gewöhnlichen Sorten.

Die Herkunft der Sorte bleibt ungeklärt; sie ist wahrscheinlich eine der ältesten Sorten auf dem Kontinent. Erste Erwähnung findet die Sorte in Frankreich im Landwirtschaftlichen Bericht der Königlichen Gesellschaft 1817 über den Verzehr von Kartoffeln in Paris und die Herstellung von Stärke. Darin werden Sommer-Vitelotte, Herbst-Vitelotte und Vitelotte-Bastard unterschieden. Die Herbst-Vitelotte sei für die Tafel gesucht, aber selten. In der Traité élémentaire d'agriculture 1863 werden die Kartoffelsorten nach ihrer Knollenform eingeteilt. „Vitelotte" steht dort für alle Sorten mit zylindrisch langen Knollen, es werden auch eine verwachsene gelbe Vitelotte und eine rote lange Vitelotte aufgeführt. Rückblickend kann nicht festgestellt werden, ob damit die heute verbreitete blaue Vitelotte gemeint war.

NOCH MEHR KNOLLEN-GEWÄCHSE

Auch andere Pflanzen bieten uns essbare Knollen, die sich in unserer Ernährung immer größerer Beliebtheit erfreuen.

Süßkartoffel

▶ Vor einigen Jahren bei uns noch unbekannt, hält die Süßkartoffel Einzug in unsere Küchen und Gärten.

Die Süßkartoffel oder Batate, botanisch *Ipomoea batate*, gehört zu den Windengewächsen (*Convolvulaceae*), wie die einjährige, blau blühende Prunkwinde. Die Süßkartoffel wächst mehrjährig als Staude, in unserem Klima beendet der Frost ihr Wachstum. Die weichen Triebe können sich nicht selbst tragen und liegen auf dem Boden. Sie wachsen aus Augen an der Knolle, wie bei einer Kartoffel. Die Mutterknolle wird während des Wachstums verbraucht. Nährwurzeln und neue Knollen entstehen an den Knoten der auf dem Boden liegenden Sprosse. Durch Dickenwachstum entstehen spindelförmige Knollen, sie können 20–30 cm lang und zwischen 200 g und 3 kg schwer werden. Die Blätter der Pflanzen sind herz- oder pfeilförmig geschlitzt. Wenn die Pflanzen im Sommer zur Blüte kommen, erkennt man das Windengewächs. Die trichterförmigen Blüten können weiß oder rosalila sein. Samen wird nicht angesetzt. Zierformen der Süßkartoffeln nutzen wir im Sommer als Beet- und Balkonpflanzen, die Sorten haben dekorative hellgrüne oder schokoladenbraune Blätter. Beim Ausleeren der Erde aus dem Balkonkasten findet man verdickte Speicherwurzeln, die in den Gefäßen aber nicht so dick werden wie bei den Speisesorten.

Die Triebe der Süßkartoffeln bedecken den Boden. Die becherförmige Blüte verrät das Windengewächs.

Der Anbau von Süßkartoffeln ist über die gesamten Tropen und Subtropen verbreitet. Ursprünglich stammen sie aus Mittel- und Südamerika. Ihr Name Batate stammt von den Indios, die sie schon vor dem 16. Jahrhundert als Kulturpflanze anbauten. Mit den Eroberern kam sie wie die Kartoffel nach

Europa, zuerst über die Kanarischen Inseln nach England. Wegen der ähnlich klingenden Namen *patate* und *batate* wurden die beiden Pflanzen in der alten botanischen Literatur oft verwechselt. Weltweit stehen Bataten in der Ernährung an dritter Stelle nach Kartoffeln und Maniok. In allen tropischen und subtropischen Ländern ist die Süßkartoffel das Grundnahrungsmittel.

Viel Durst, weniger Hunger

Weil die Süßkartoffel für ihr Wachstum viel Wärme benötigt, hat man in Deutschland bisher keine großen Anbauversuche unternommen. An der Hochschule Weihenstephan konnten im Freilandanbau marktfähige Knollen geerntet werden. Im Hausgarten ist der Anbau ebenfalls einen Versuch wert. Die Pflanzen gedeihen bei Temperaturen von 25–30 °C, also sollten sie einen warmen, aber nicht zu sonnigen Platz im Beet auswählen. Am besten eignen sich sandige Lehmböden, die wasserdurchlässig sind. Zum Wachsen benötigen die Pflanzen Feuchtigkeit. Die Temperaturen während der Wachstumszeit sollten nicht unter 10 °C fallen, sonst erleidet die Pflanze Kälteschäden. Im Handel werden Jungpflanzen im Topf angeboten, die zügig ausgepflanzt werden sollten, bevor die Wurzeln sich im Topf drehen. Den Wurzelballen sollten Sie dann auseinanderziehen. Vor dem Pflanzen wird der Boden im Beet mit dem Sauzahn oder einer Hacke tief gelockert. Zur Nährstoffversorgung gibt man fünf Liter Kompost pro Quadratmeter und arbeitet 100 g Hornmehl ein. Bei zu hohem Nährstoffangebot bilden sich viele Blätter, aber wenige Knollen. Häufeln Sie dann einen 50 cm breiten Erdwall auf. In diesen Wall werden die Pflanzen im Abstand von 30–40 cm gesetzt. Setzen Sie die Pflanzen so tief ein, dass die Sprossen mit Erde bedeckt sind, das fördert die Knollenbildung. Gepflanzt werden sollte nicht vor Anfang Juni, wenn es zuverlässig warm bleibt. Bei kühlem Wetter kann man das Beet mit einem Vlies abdecken. Die Pflanzen lassen sich auch im Hochbeet und in großen Kübeln kultivieren. Als Erstbepflanzung eines Hochbeetes profitieren die Wurzeln von der Bodenwärme. Dabei das Gießen nicht vergessen!

Sortenkunde

'BEAUREGARD'
Schale orangerot, Fleisch orange, herz- bis pfeilförmige grüne Blätter, frühe Sorte

'BONITA'
Schale weißrosa, Fleisch weiß, Knollen dickrund, herzförmige grüne Blätter

'ERATO ORANGE'
Schale rot, Fleisch orange

'ERATO WHITE'
Schale violettrot, Fleisch weiß

'EVANGELINE'
Schale violettrot, Fleisch tief orange, süß, lange Knollen, geschlitzte grüne Blätter

'MURASAKI'
Schale violettrot, Fleisch weiß, Knollen dickrund, etwas uneben, Blätter dunkelgrün mit Anthocyan, Reife spät

'ORLEANS'
Schale orange, Fleisch orange, Blatt grün, frühe Sorte

'SWEET GEORGIA LIGHT GREEN'
'SWEET GEORGIA PURPLE HEART'
Zierform mit hellgrünem und schwarzviolettem Blatt, hängender Wuchs für Blumenampeln

Zuerst entwickeln sich die Pflanzen nur langsam, bis dann Blätter und Sprosse die

Von einer Pflanze kann man drei bis fünf große Knollen ernten. Hier die Sorte 'Erato Orange'.

Fläche bedecken. Eine Mulchschicht aus Rasenschnitt oder Blättern hält den Boden zwischen den Pflanzen feucht. Die Knollen bilden sich unabhängig von der Tageslänge und reifen 4–6 Monate nach der Pflanzung im September/Oktober. Bis zum ersten Raureif können die Knollen im Boden bleiben, dann müssen Sie ernten, denn sie vertragen keinen Frost. Als Windengewächs ist die Süßkartoffel mit keinem unserer Gemüse verwandt. Sie passt gut in jede Fruchtfolge und kann mit Anbaupausen von drei Jahren wieder auf demselben Beet gepflanzt werden. Bisher wurden kaum Schädlinge oder Krankheiten an den Pflanzen festgestellt. Aber Achtung: Mäuse, Erdraupen und Drahtwürmer mögen die Knollen gern.

Selbst vermehrt durch Stecklinge

Man kann von einer gekauften Knolle selbst Stecklinge gewinnen. Schneiden Sie dazu den Kopf der Knolle ab und lassen Sie die Schnittstelle eintrocknen. Pflanzen Sie das Knollenstück in einen Topf mit Anzuchterde ein und stellen Sie es hell und warm bei 20 °C im Zimmer auf. An den Knollenstücken bilden sich junge Triebe. Wenn diese etwa 15 cm lang sind, schneiden Sie sie ab und setzen sie in Anzuchterde. Sie bilden schnell Wurzeln. Die beschnittenen Triebe am Knollenstück bilden neue Seitentriebe, sodass mehrfach Stecklinge abgenommen werden können. Auf diese Weise können Sie selbst eine Anzahl von Jungpflanzen vorziehen.

In der Küche

Die Knollen können nach der Ernte für eine Woche an einem warmen Ort nachreifen. Die Schale ist nicht so stark verkorkt wie bei den Kartoffeln, die Knollen lassen sich aber für einige Monate bei 12 bis 16 °C, nicht unter 10 °C, lagern. Im Kühlschrank ist es für Süßkartoffeln zu kalt. Die Luftfeuchtigkeit sollte hoch sein, dies kann durch Einlegen in offene Folienbeutel erreicht werden. Die Knollen regelmäßig auf Schimmelbildung kontrollieren.

Die Schalenfarbe der Speicherwurzel kann weiß, orange oder rot sein. Die Fleischfarbe kann ebenfalls weiß oder orange bis rot sein, je nach Sorte. Der Nährwert ist mit 452 kJ etwas höher als bei der Kartoffel mit 300 kJ.

Die Süßkartoffel enthält neben Stärke auch Zucker, daher der süße Geschmack. Orangefleischige Knollen sind reich an Carotin, Sorten mit weißem Fleisch enthalten weniger davon und sind mehliger. Für die Zubereitung werden die Knollen gewaschen, sie können mit der Schale gegessen werden. Das Fleisch der Knollen ist leicht mehlig und trocken. Man kann sie kochen, backen, braten oder frittieren. Beliebt sind Süßkartoffelpommes oder Suppen. Sie sind schneller gar und weich als Kartoffeln. Bataten können auch roh gegessen werden, z. B. geraspelt im Müsli. Auch die Blätter sind als Gemüse essbar, die Nutzung ist bei uns jedoch nicht verbreitet. Die auf dem Markt mittlerweile ganzjährig angebotenen Süßkartoffeln werden aus Brasilien, Israel und Spanien importiert.

Nährwert von Süßkartoffeln und Kartoffeln im Vergleich

Nährwert pro 100 g	Süßkartoffel	Kartoffel
Energie	108 kcal / 452 kJ	71 kcal / 298 kJ
Wasser	69 g	78 g
Kohlenhydrate	24 g	15 g
davon Stärke	19,5 g	14–20 g
Saccharose	3,18 g	0,3 g
Ballaststoffe	3,14 g	2,07 g
Eiweiß	1,6 g	2,0 g
Fett	0,6 g	0,11 g
Mineralstoffe	1,12 g	1,02 g
Vitamin B_1	0,064 mg	0,11 mg
Vitamin B_2	0,05 mg	0,047 mg
Vitamin C	30 mg	17 mg

Topinambur

▶ Einst war sie der Kartoffel in der Verwendung als Gemüse voraus. Heute ist die Nutzung ihrer Knollen fast in Vergessenheit geraten und nur Liebhabern bekannt.

Die oder auch der Topinambur, *Helianthus tuberosus*, ist mit der einjährigen Sonnenblume *Helianthus annuus* verwandt. Sie gehört wie diese zur Familie der Korbblütler (*Asteraceae*). Der botanische Artname deutet darauf hin, dass sie Knollen bildet. Andere Namen sind Erdartischocke, Erdbirne oder Rosskartoffel.

Sie stammt aus der Neuen Welt, ihre Heimat wird in Mexiko vermutet. Die Pflanzen wurden schon früh von den Indianern in Kultur genommen und im östlichen Teil Nordamerikas bis nach Kanada angebaut. Spanier und Franzosen brachten die Pflanze nach Europa. Ihr Anbau verbreitete sich schnell von Holland, Italien, England, Deutschland bis Russland. Der Anbau in Deutschland fand im 17. und 18. Jahrhundert erst in den Gärten statt, später auch auf den Feldern. Die Topinambur wurde nach und nach vom zunehmenden Anbau der Kartoffel verdrängt. In den letzten Jahren ist jedoch das Interesse am Topinamburanbau und der Nutzung als Wintergemüse wieder gestiegen. Mit ihrer großen Biomasse sind Topinambur als Futter- und Energiepflanzen interessant.

Seltener Blütenschmuck

Topinambur wächst mehrjährig als Staude und überdauert den Winter mit ihren Sprossknollen im Boden. Sie ist winterhart bis −30 °C (Winterhärtezone Z4). Aus der Knolle wachsen mehrere markgefüllte Stängel. Je nach Sorte werden die Stauden zwei bis über drei Meter hoch. Ihre Blätter erinnern an Sonnenblumen, sind meist schmaler und rau behaart. Sie blühen erst spät, Ende September und Oktober, wenn die Tage kürzer werden. Manche Sorten kommen bei uns gar nicht zur Blüte. Die gelben Blüten erinnern an kleine Sonnenblumen. Im Herbst sterben Stängel und Blätter ab, die Pflanze überwintert mit Knollen in der Erde. Sie bilden sich an

Sortenkunde

'BIANKA'
Schale braunweiß, Reife früh

'GIGANT'
Schale lilarosa, große, verwachsene Knollen, Reife früh

'GUTE GELBE'
hellschalig, rundliche Knollen, Reife mittelspät

'ROTE KEULE'
Schale lilarot, keulenförmige Knollen

'ROTE ZONENKUGEL'
Schale lilarot, birnenförmige Knollen, dicht um die Pflanze, Reife spät

'SONNENWURZEL'
Helianthus strumosus, Schale hell mit rosa Zeichnung, Knollen spindelförmig glatt, an langen Tragfäden sternförmig um die Pflanze verteilt

'TOPSTAR'
Schale braunweiß, Knollen spindelförmig, dicht um die Pflanze, Reife früh

unterirdischen Ausläufern, sind spindelförmig verwachsen und etwa so groß wie Kartoffeln. Die dünne Schale der Knollen kann weiß oder rötlich sein, ihr Fleisch ist weiß. Nahe verwandt ist die Art *Helianthus strumosus*, die Sonnenwurzel. Ihre Knollen sind spindelförmig und fast glatt, sie lassen sich leichter waschen und schälen.

Genügsamer Riese

Die Pflanzen sind recht anpassungsfähig und genügsam, was Bodenbeschaffenheit und Standortansprüche anbelangt. Sie begnügen sich auch mit einem halbschattigen Standort. Auf lehmigen Böden fällt die Ernte schwerer. Der Boden darf im Herbst für die Ernte nicht zu nass sein. Für die Nährstoffversorgung

Die Topinambur überragt sogar die blühenden Sonnenblumen.

Die eiförmigen Knollen von 'Topstar' hängen dicht um die Pflanze herum und lassen sich leicht schälen.

werden fünf Liter Kompost pro Quadratmeter auf dem Beet verteilt. Eine zu starke Stickstoff-Düngung fördert nur die Laubbildung, aber nicht das Knollenwachstum. Topinambur-Knollen setzt man im März/April. Man nutzt dafür die kleinen Knollen, die in der Küche nicht verwendet werden. Da die Pflanzen sehr hoch werden, sollten Sie den Standort so auswählen, dass sie keine anderen Kulturen beschatten. Ein geeigneter Platz ist als Sichtschutz in der Nähe des Komposthaufens. Wer Bedenken hat, dass im Boden verbliebene Knollen das Beet verunkrauten, kann die Knollen in Speißkübel pflanzen, die mit Löchern im Boden versehen werden. Für den Hausgebrauch reichen fünf bis zehn Pflanzen. Der Abstand zwischen den Knollen und den Reihen beträgt 35–40 cm bei einer Pflanztiefe von 15–20 cm. Eine Schicht aus Mulch hält den Boden feucht und hemmt das Unkrautwachstum zwischen den kleinen Pflanzen. Später beschatten die hohen Stängel den Boden, sodass kaum Unkraut wächst. Das Anhäufeln erhöht die Standfestigkeit der hohen Pflanzen. Bei trockenem Sommerwetter sollten die Pflanzen gegossen werden, ansonsten sind die Stauden pflegeleicht. Sie können drei bis vier Jahre auf dem gleichen Beet stehen, spätestens dann sollte der Standort aber gewechselt werden. In der Fruchtfolge sollten keine anderen Korbblütler wie Schwarzwurzeln, Haferwurzeln, Artischocken oder Sonnenblumen folgen.

Wintergemüse

Die Knollenbildung setzt spät ein, auch im Herbst wachsen sie noch. Die Ernte beginnt daher Ende September bei Frühsorten, ab Oktober/November für die späten Sorten und zieht sich über den ganzen Winter, solange der Boden nicht gefroren ist. Dazu wird der Boden um die Pflanzen vorsichtig mit der Grabegabel hochgeworfen. Die Knollen sitzen je nach Sorte dichter oder an den Tragfäden um die Pflanzenstängel verteilt. Die Knollen sollten bei der Ernte nicht verletzt werden. Die Ernte kann nach Bedarf erfolgen, so hat man die Knollen immer knackig frisch. Sie sind im Boden gut aufgehoben; geerntete Knollen schrumpeln im Lager, da sie keine dicke Schale ausbilden. Wer Topinambur über Winter in der Küche nutzen möchte, gräbt sie vor dem Frost besser aus und lagert sie in Kisten mit sandiger Erde oder in einer Erdmiete im Freien. Dort haben die Wühlmäuse, die gerne im Winter an den Knollen fressen, keinen Zugang.

Frisch geerntete Knollen halten sich für etwa eine Woche im Kühlschrank, eingepackt in Frischhaltefolie oder einer Frischhaltebox. In der Küche wäscht man die verwachsenen Knollen mit der Gemüsebürste und schält sie dünn ab. Ihr Fleisch schmeckt leicht süßlich-nussig. Die Knollen enthalten 79 % Wasser, etwa 16 % Kohlenhydrate, davon 7–8 % Inulin und Ballaststoffe. Sie sind reich an Kalium. Man bereitet sie roh geraspelt, gebacken oder gebraten zu, denn in Wasser gekocht wird ihr Geschmack fade. Das Fleisch wird schneller gar als bei Kartoffeln. Im Schwarzwald wird aus Topinambur ein Schnaps, der Rossler, zubereitet.

Nährwert von Topinambur

Inhaltsstoffe pro 100 g Knollen-Frischsubstanz	
Wasser	79 g
Ballaststoffe	12,5 g
Kohlenhydrate	4 g
Eiweiß	2,4 g
Fett	0,4 g
Mineralstoffe	1,7 g
Vitamin B_1	0,200 mg
Vitamin B_2	0,06 mg
Mineralstoffe	1,02 g
Vitamin B_1	0,11 mg
Vitamin B_2	0,047 mg
Vitamin C	4 mg

KARTOFFEL-LIEBE IN DER KÜCHE

Kartoffelliebe geht durch den Magen: Werden Sie zum Kartoffelsommelier und empfehlen Sie Ihren Freunden die passende Kartoffelsorte für ihre Speisen! Entdecken Sie außerdem feine Rezepte für unsere selbst geernteten Knollen.

Gesundes Gemüse – was in der Knolle steckt

▶ Mit einer Mischung aus Wasser, Nährstoffen und Ballaststoffen zählt die Kartoffel zu den kalorienarmen und zugleich sättigenden Gemüsearten.

Neben rund 80 % Wasser enthält sie Kohlenhydrate, einen großen Teil in Form von Stärke, wenig, aber hochwertiges Eiweiß, Vitamine wie C und B_1, Mineralstoffe wie Kalium, Eisen und Magnesium. Der Kaloriengehalt liegt bei etwa 70 Kilokalorien pro 100 Gramm (298 kJ). Damit gehört sie auf jeden modernen Speiseplan. Viele wertgebende Inhaltsstoffe befinden sich wie beim Apfel dicht unter der Schale. Gut gewaschen kann bei Frühkartoffeln, aber auch bei später reifenden Sorten, die Schale mitgegessen werden. Bei der Zubereitung als Pellkartoffel kann nach dem Kochen die Knolle dünn geschält werden. So werden beim Kochen weniger wertvolle Nährstoffe ausgeschwemmt.

Kartoffel: Inhaltsstoffe pro 100 g Knollen-Frischsubstanz

Vitamine

Thiamin (B_1)	0,11 mg
Riboflavin (B_2)	0,05 mg
Pyridoxin (B_6)	0,31 mg
Niacin	1,22 mg
Folsäure	0,02 mg
Pantothensäure	0,40 mg
Vitamin C	17,00 mg

Mineralstoffe

Natrium	2,7 mg
Kalium	417 mg
Magnesium	21 mg
Eisen	0,4 mg
Phosphor	50 mg

Weitere Inhaltsstoffe

Wasser	78 g
Kohlenhydrate	15 g
Eiweiß	2,0 g
Ballaststoffe	2,1 g
Fett	0,1 g

Energie

in 100 g essbarem Anteil Frischware: 71 kcal / 298 kJ

Unerwünschte Inhaltsstoffe

▶ Kartoffeln enthalten neben den für uns wichtigen Nährstoffen auch natürliche Giftstoffe. In geringen Mengen sind sie nicht schädlich. Man sollte sie aber kennen.

Solanin

Solanin steht synonym für die Glycoalkaloide in der Kartoffel. Ein weiteres Glycoalkaloid ist das Chaconin. Es sind typische Alkaloide der Nachtschattengewächse, die Wirkung in der Pflanze ist die Abwehr von Fraßschädlingen und Krankheiten. Besonders hohe Konzentrationen finden sich bei der Kartoffel in grünen Blättern, Blüten und den Keimen. In der Knolle sind sie überwiegend unter der Schale und um die Augen lokalisiert. Besonders hoch ist der Gehalt in grün verfärbten Knollen, weshalb sie grundsätzlich dunkel und kühl gelagert werden sollten. Die Grünfärbung stammt vom Chlorophyll, was selbst ungiftig ist. Durch das Schälen der Kartoffeln wird der Solaningehalt deutlich gesenkt. Kochen oder Frittieren zerstört das Solanin nicht, es ist hitzestabil. Zudem ist es wasserlöslich und geht ins Kochwasser über. Kartoffelwasser daher abschütten und nicht für die Zubereitung von Soßen verwenden. Kartoffelknollen enthalten unter normalen Kulturbedingungen unter 100 mg/kg Frischmasse Solanin, sie sind somit unbedenklich als Nahrungsmittel. Erhöhte Solanin-Konzentrationen werden als bitter wahrgenommen. So hat man ein natürliches Warnsignal und verzehrt solche Kartoffeln nicht.

Acrylamid

Acrylamid entsteht bei der Zubereitung von Lebensmitteln durch starke Hitze. Es wird als krebserregend eingestuft. Reduzierende Zucker sind Vorstufen von Acrylamid. Bei Kartoffeln entsteht es beim Frittieren und Braten, es ist eng mit dem Bräunungsgrad verbunden. Die Bildung von Acrylamid steigt bei Temperaturen über 170 °C stark an. Für den Haushalt empfiehlt das Max-Rubner-Institut eine Frittiertemperatur bis 175 °C. Die Fritteuse nicht zu voll machen, etwa eine Menge von 100 g Pommes pro Liter Öl portionsweise zugeben. Die Faustregel lautet: Vergolden statt verkohlen. In der Lebensmittelverarbeitung werden Kartoffeln auf ihren Gehalt an reduzierenden Zuckern untersucht, damit sich bei der Zubereitung wenig Acrylamid bilden kann.

Knollen, die nicht mit Erde bedeckt sind, werden grün. Grüne Kartoffeln nicht essen, man kann sie als Pflanzkartoffeln zurücklegen.

Sind Kartoffeln Gemüse?

▶ Hackfrucht, Sprossknolle, Gemüse, das sind Einteilungen für die Kartoffel, die aus unterschiedlichen Bereichen stammen. Für die Kartoffel kommt es darauf an, was wir aus ihr machen!

Im Supermarkt liegt die Kartoffel in der Gemüse- und Obstabteilung. Vom Anbau her zählt sie zu den landwirtschaftlichen Kulturen und dort zu den Hackfrüchten. Die Botaniker stellen die Kartoffel zu den Nachtschattengewächsen. Es kommt also darauf an, wen man fragt.

Nach einer Definition aus dem Pflanzenbau sind Gemüse krautartig wachsende, einjährige Pflanzen. Obst dagegen wächst auf Bäumen und Sträuchern, die mehrjährig sind. Diese Einteilung ist aber nicht starr, so zählt der Rhabarber zum Gemüse, obwohl er mehrjährig wächst. Von Gemüsepflanzen werden die Blätter, Stängel, Blütenknospen, Wurzeln, Knollen, Früchte und Samen gegessen. Man kann die Pflanzenteile roh oder gekocht verzehren. Der Ausdruck „Gemüse" stammt vom mittelhochdeutschen Mus oder Zugemüs ab. Damit bezeichnete man einen Brei aus gekochten Pflanzen. Gemüse gehört für uns heute zu einer ausgewogenen, gesunden Ernährung. Es ist reich an Kohlehydraten, Rohfasern, Eiweißen, Mineralstoffen und Vitaminen. Wegen des hohen Wasseranteils hat Gemüse wenig Kalorien. Es erfährt zurzeit eine wachsende Wertschätzung. Deshalb sollten wir die Kartoffel als Gemüse betrachten und sie so behandeln. Der Verein zur Erhaltung der Nutzpflanzenvielfalt machte die Kartoffel 2003 zum „Gemüse des Jahres". Dies sollte der „Sättigungsbeilage" zu mehr Wertschätzung verhelfen und die Vielfalt der Kartoffel hervorheben. Für uns sollte die Kartoffel ein hochwertiges Gemüse sein.

Gemüse gibt es in einer bunten Vielfalt. Kartoffeln gehören dazu!

Kochtypen

▶ Jede Kartoffelsorte hat ihren eigenen Kochtyp, wenn wir dafür auch nur drei Schubladen haben: festkochend (f), vorwiegend festkochend (vf) und mehligkochend (m).

Der Kochtyp bezeichnet das Garverhalten der Knolle. Verantwortlich dafür sind ihr Stärke- und Feuchtigkeitsgehalt; mehlige Sorten enthalten mehr Stärke und Faserstoffe. Aus den Kochtypen ergeben sich die Eignungen für die unterschiedlichen Rezepte. Ob ein Kartoffelgericht gelingt, hängt von der Wahl der Sorte mit dem richtigen Kochtyp ab. Im Rahmen der EU wurden zur internationalen Kennzeichnung der Kochtypen die Buchstaben A, B, und C eingeführt. Bei den Sortenbeschreibungen und in den Rezepten ist der Kochtyp angegeben.

Als lebende Pflanzen halten sich die Kartoffeln nicht zwingend an diese drei fixen Kochtypen. Je nach Sorte, Boden und Witterung gibt es Übergänge. Nach einem sonnenreichen Jahr mit ausreichend Regen kann eine festkochende Sorte wie 'Cilena' etwas lockerer ausfallen und nach vorwiegend festkochend tendieren. Manche mittelfrühe und mittelspäte Sorten entwickeln erst nach einer gewissen Lagerung ihren speziellen Kochtyp, so wie auch Äpfel nachreifen müssen.

Wie die Tabelle zeigt, ist es ratsam, in der Küche mindestens zwei Sorten mit unterschiedlichen Kochtypen zur Hand zu haben. Mit einer festkochenden Sorte gelingt kein fluffiges Püree, weil die Stärke fehlt. In der Bundessortenliste wird ab 2017 für Kartoffeln der Kochtyp nicht mehr ausgewiesen. Zum 1. Juli 2011 sind die gesetzlichen Vorschriften zu den Handelsklassen weggefallen. Der Handel kann selbst bestimmen, wie er die Koch- und Speiseeigenschaften auf den Verkaufsverpackungen benennt. Nach der Lebensmittelkennzeichnungsverordnung (LMKV) muss bei verpackten Kartoffeln die Sorte, der Kochtyp und die Qualität auf dem Etikett ausgewiesen werden.

Kochtyp	Eigenschaft der gekochten Knolle	Verwendung
festkochend (f), A, A–B	Schale platzt nicht auf, schnittfest, glatte Schnittfläche, feste Scheiben, feinkörnig, feucht	Salzkartoffeln, Kartoffelsalat, Bratkartoffeln, Auflauf
vorwiegend festkochend (vf), B–A, B	Schale platzt leicht auf, weniger fest, etwas brüchig, mit der Gabel zu zerteilen, feinkörnig und feucht	Salzkartoffeln, Pellkartoffeln, Kartoffelsalat, Bratkartoffeln, Auflauf, Eintöpfe, Rösti
mehligkochend (m), B–C, C	Schale platzt weit auf, locker zerfallend, mit der Gabel leicht zu zerdrücken, grobkörnig, trocken	Püree, Klöße, Eintöpfe, Suppen, Backkartoffeln

Kartoffeln schmecken und neu entdecken

▶ Wonach schmeckt eine Kartoffel? Na, nach Kartoffel eben, werden Sie sagen. Oder nach nichts, denn so kann man ihr beim Kochen jede Gewürz- und Geschmacksrichtung geben.

Schmecken und das Wahrnehmen von Aromen passiert bei uns nicht nur auf der Zunge, sondern auch im Mund- und Rachenraum. Zudem ist die Nase stark beteiligt. Das spürt man bei einem Schnupfen, man schmeckt die Speisen nicht mehr.

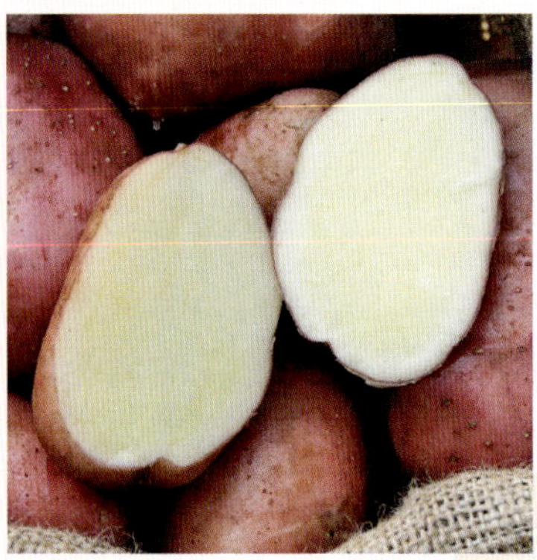

Wir können die Grundgeschmäcker süß, sauer, salzig und bitter unterscheiden. Ein fünfter Geschmack wird als „umami", herzhaft oder fleischig, beschrieben. Für die Wahrnehmung sind die Geschmackspapillen auf der Zunge zuständig. Am Grund der Papillen sitzen mehrere Geschmacksknospen, in denen jeweils 10–50 Sinneszellen liegen. Diese sind für sämtliche Grundgeschmäcker empfindlich, aber für jeden in unterschiedlichem Maße. Erst die Kombination aller Sinnesprofile auf der Zunge, in Mund- und Nasenraum ergibt den Gesamteindruck eines Geschmackes – eine komplexe Angelegenheit. Der Kartoffelgeschmack wird durch den Gehalt an Wasser und Kohlenhydraten geprägt. Leider enthält die Knolle keine Fruchtsäuren wie Äpfel oder Tomaten; das würde mehr Geschmacksnuancen hineinbringen. Gelbfleischige Sorten (linkes Bild) sind übrigens beliebter als solche mit hellem Fleisch (rechtes Bild). Die Farbe des Knollenfleisches hat keinen Geschmack, aber das Auge isst mit und gelbe Kartoffeln sehen immer etwas buttrig aus.

Wir haben keine Worte für den Geschmack der Kartoffel, obwohl wir sie täglich essen. Geschmack ist ein wichtiges Verkaufsargument, besonders wenn man viel Auswahl hat und eigentlich satt ist. Gemessen an unseren anderen Sinnesorganen Augen, Ohren und Haut wird der Geschmackssinn sträflich vernachlässigt. Bei der Kartoffel gibt es, anders als beim Wein, keine Vokabeln für ihren Geschmack. Für den Wein sind ganze Bücher und Lexika mit den Fachwörtern der Geschmacksbeschreibung gefüllt. Wir haben uns bei der Kartoffel, und auch anderem Gemüse, dafür keine Mühe gegeben, nicht einmal daran gedacht.

Kartoffeln und Terroir

▶ Die Sorte, der Boden, Sonne und Regen, wieviel Herzblut der Kultivateur hineinbringt – all das hat Auswirkungen auf den Geschmack der Kartoffel.

Vom Feld kommt der wahre Geschmack der Kartoffel. Auch die Lagerung hat Auswirkungen auf die Qualität und Geschmacksentwicklung der Knollen. All dies beschreibt der französische Begriff Terroir. Es ist das mystische Zusammenspiel von Klima, Lage, Geologie, Boden und Mensch.

Terroir zeigt das Verhältnis der Menschen zu ihrem Land und wie sie mit ihm umgehen. Französische Winzer waren vor etwa 100 Jahren die ersten, die realisierten, dass sich die Verknüpfung von Ort und Qualität vermarkten ließ. Dabei ist Wein auch nur vergorener Traubensaft und in Mengen weltweit verfügbar. Trotzdem haben die Winzer es geschafft, sich durch ihre Lagen ein Alleinstellungsmerkmal zu erarbeiten. Bei welchem anderen Gemüse oder Obst ist das noch gelungen? Sind sie nicht noch wichtiger als das Genussmittel Wein?

Die französische Sicht auf Nahrungsmittel verbindet sehr häufig Geschmack und Region. Dies zeigt sich in Frankreich durch zahlreiche mit dem EU-Siegel geschützte Herkunftsbezeichnungen. So wird handwerkliche landwirtschaftliche Praxis bewahrt, die oft als veraltet angesehen wird. Mit der Großproduktion, durch nationalen und internationalen Transport über Tausende von Kilometern und global einkaufende Verbraucher geht dies verloren. Wir als Verbraucher haben immer weniger die Fähigkeit, unsere Nahrungsmittel, hier die Kartoffel, in ihrer Qualität zu beurteilen, zu schätzen und zu würdigen. Niemand lehrt uns das. Kinder und junge Menschen müssen darin geschult werden, ihren Geschmackssinn zu entwickeln. Terroir ist keine Nostalgie. Es ist ein Gegenpunkt zum schnellen, oberflächlichen Leben in den Städten und der Digitalisierung unserer Welt. Wir Menschen suchen nach unseren Wurzeln, wir definieren uns über unsere Nahrungsmittel, unser gutes Essen. Der Verbraucher möchte mehr über das Gemüse wissen, daher erleben regionale Erzeugnisse eine gesteigerte Nachfrage.

Blühendes Kartoffelfeld in der Heide.

„Kartoffeln sind wie ein guter Wein."

(Sonderausstellung Kloßmuseum Heichelheim 2002)

Werden Sie Kartoffelsommelier!

Wir sind als Kartoffelkäufer und -esser das wichtigste Glied in der Kette. Uns müssen die Kartoffeln so gut schmecken, dass wir uns deren Sortennamen merken und wieder danach fragen.

Wir sollten gute von schlechter Qualität unterscheiden können und den Landwirt oder Markthändler ansprechen, wenn wir mit der Qualität der Kartoffeln nicht zufrieden sind. Wer Kartoffeln schätzt, sollte sie einmal mit Bedacht genießen, so wie wir es bei einem guten Wein auch tun. Es macht Spaß, sie einmal in den Speisenmittelpunkt zu stellen und bewusst zu genießen. Was spricht also gegen eine Kartoffelverkostung mit Freunden?

Degustation – das Ritual

Kochen Sie die Kartoffeln mit Schale als Pellkartoffeln in wenig Wasser oder im Dampfgarer ohne Salz. Die Sorten werden nacheinander gereicht. Schälen Sie die Knolle und begutachten Sie zunächst die Fleischfarbe. Lassen Sie sich Zeit und riechen Sie an der dampfenden Knolle. Führen Sie dann den ersten Bissen zum Mund. Bewegen Sie den Bissen im Mund über die Geschmackspapillen in alle Winkel, spitzen Sie die Lippen und saugen Sie schlürfend Luft durch die heiße Kartoffel. (Die entsetzten Blicke der Umstehenden nehmen Sie billigend in Kauf.) Der Dampf gelangt von innen an die Geschmacksknospen des Nasen- und Rachenraumes. Erst jetzt können Sie die Kartoffel richtig schmecken. Die Zunge spürt die rollenden Stärkekörner. Der Gaumen fühlt Körniges, empfindet Sämiges oder tastet Glattes: die Mehligkeit einer 'Institute des Beauvais' oder die Frische einer 'Belana'.

Jetzt stehen Sie da mit einem Mund voll Kartoffelbrei. Was soll damit geschehen? Wer nur 2–3 Sorten probiert, der kann den Bissen herunterschlucken. Wer aber eine Reihe von 10–12 Sorten probiert, dürfte hinterher ziemlich satt sein. Trinken Sie zwischendurch dazu stilles Wasser, um den Geschmack zu neutralisieren.

Die Kartoffel hinterlässt hoffentlich einen Nachgeschmack in Mund und Kehle. Gute Knollen mit reinem Geschmack haben einen langanhaltenden Abgang. Bei nicht ganz so guten Sorten klingt es oft schon hinten an der Zunge ab und hinterlässt eine Leere, als habe man gar nichts gegessen. Schlecht für die Sorte ist, wenn ein kratziger Geschmack zurückbleibt. So hat jede Sorte ihren besonderen Geschmack, und damit man ein wirklich vollständiges Bild von einer Sorte bekommt, muss man wieder und wieder eine Gabel voll nehmen.

Kartoffeln und Wein mit Freunden genießen.

Bei der Auswertungen der Kartoffelverkostungen mit verschiedenen Teilnehmern hat sich gezeigt, dass es selten nur eine Siegersorte gibt. Der Geschmack und die Vorlieben für einen Kochtyp sind unterschiedlich bei den Teilnehmern. Das spricht für mehr Auswahl und Sortenvielfalt bei Kartoffeln!

„Wer genießen kann, isst keine Kartoffeln mehr, sondern **kostet Geheimnisse**.“

(frei nach Salvador Dalí, er sagte dies über den Wein)

Praktische Küchenhelfer

▶ Die Küchengeräte sind meist nicht „kartoffelspezifisch“, sondern für alle Gemüse zu gebrauchen. Die Kartoffelpresse aber ist speziell für selbst gemachtes Püree geeignet, denn dafür ist ein Stabmixer ein No-Go!

Die Vorbereitung von Kartoffeln und Gemüse macht mehr Spaß, wenn die richtigen Küchenhelfer zur Hand sind.

Gemüsebürste, Gemüsewaschhandschuh

Erleichtert das schonende Säubern der Kartoffeln und anderer Wurzelgemüse.

Schälmesser, Sparschäler

Je nach Vorliebe schält man die Knollen für Salzkartoffeln mit einem Messer oder Sparschäler.

Kartoffelpresse, Kartoffelstampfer

Für die Zubereitung von Püree, als Vorstufe zu Klößen; mit dem Stampfer bleibt der Stampf stückiger, mit der Presse wird Kartoffelbrei samtiger.

Kartoffelreibe

Zum Reiben von rohen und gekochten Kartoffeln, zur Zubereitung von Rösti, Kartoffelpuffern, Klößen.

Tolle Rezepte mit der Knolle

Kartoffelschnee

ZUTATEN

1 kg mehligkochende Kartoffeln

250 g Butter

250 ml Milch

Salz, Muskatnuss

GEEIGNETE SORTEN:
'Institute de Beauvais', 'Augsburger Gold', 'Karlena'

1 Die Kartoffeln waschen, bedeckt mit Salzwasser 20 Minuten garen, Wasser abschütten.

2 In einem zweiten Topf die Butter auf kleiner Flamme schmelzen, die Milch zugießen, die warmen Kartoffeln pellen und durch die Kartoffelpresse in die Milch drücken, mit Muskatnuss und Salz abschmecken. Bitte keinen Stabmixer verwenden!

3 Mit einem flachen Kochlöffel das Püree kräftig rühren, bis der Kartoffelschnee eine cremige Konsistenz hat.

Kartoffel-Sahnesüppchen

ZUTATEN

- 800 g mehligkochende Kartoffeln
- 1 Zwiebel
- 150g Butter
- 750 ml Gemüsebrühe
- 125 ml süße Sahne
- Salz, Pfeffer, etwas Muskatnuss
- Croutons, selbst gemacht aus Weißbrotwürfeln
- frische Petersilie oder Schnittlauch

GEEIGNETE SORTEN:
'Adretta', 'Freya', 'Gunda'

1 Die Kartoffeln waschen, schälen, in Würfel schneiden, die Zwiebel schälen, in feine Würfel schneiden.

2 Die Zwiebel in einem Topf in der Butter andünsten, Kartoffeln zugeben, die Gemüsebrühe dazugeben, zum Kochen bringen und 20 Minuten garen, bis die Kartoffeln weich sind.

3 Mit dem Schnellmixgerät pürieren, bis die Suppe schaumig und cremig ist. Die Sahne zugießen, nochmals pürieren, mit Salz und Pfeffer abschmecken.

4 Zum Servieren in Suppentassen füllen, mit warmen Croutons und feingehackter Petersilie oder Schnittlauch bestreuen.

TIPP

Wer mag, reicht knusprig gebratenen Frühstücksspeck dazu. Die Suppe lässt sich mit Kräutern wie Brunnenkresse oder Radieschenblättern abwandeln.

Dänische Karamellkartoffeln

ZUTATEN

1 kg kleine, gleich große, festkochende Kartoffeln

100 g Zucker

100 g Butter

GEEIGNETE SORTEN:
'Ditta', 'Heideniere', 'Linzer Delikatess'

1 Die Kartoffeln waschen, in Salzwasser zum Kochen bringen, 20–25 Minuten garen, abschütten und kalt werden lassen. Die kalten Kartoffeln pellen.

2 In einer Pfanne den Zucker mit 1 EL Wasser bei mittlerer Hitze schmelzen, bis der Zucker goldbraun karamellisiert ist. Dann die Butter einrühren.

3 Die Kartoffeln hinzugeben, umschwenken, dass sie gut mit dem Karamell vermischt werden. Falls der Zucker zu trocken ist, etwas mehr Butter hinzufügen.

TIPP
„Brunede kartoffler“ passen zum weihnachtlichen Entenbraten mit Rotkohl oder Schweinebraten mit Zuckerkruste und Grünkohl mit süßer Sahne.

Kartoffelgratin

ZUTATEN

- 1 kg festkochende oder vorwiegend festkochende Kartoffeln
- 50 g Butter
- 1 Knoblauchzehe
- 250 ml süße Sahne
- 250 ml Milch
- 100 g mittelalter Gouda oder kräftiger Bergkäse, gerieben
- Salz
- Muskatnuss
- eine feuerfeste, flache Auflaufform

GEEIGNETE SORTEN:
'Ackersegen', 'Granola', 'Laura'

1 Kartoffeln waschen, mit Wasser bedeckt in einem ausreichend großen Topf 20 Minuten gar kochen, lauwarm pellen, in 2–3 mm dünne Scheiben schneiden. Eine Auflaufform mit der Butter ausstreichen, mit der geschälten Knoblauchzehe ausreiben und die Kartoffelscheiben in die Form schichten.

2 Die Sahne mit der Milch verrühren, die Hälfte des geriebenen Käses zugeben, mit Salz und Muskatnuss abschmecken, über die Kartoffeln gießen.

3 Im Backofen auf der zweiten Schiene für ca. 30 Minuten bei Ober-/Unterhitze, 180 °C backen. Die Form herausnehmen und mit dem restlichen Käse bestreuen, dann nochmal 10 Minuten überbacken, bis der Käse leicht braun wird.

TIPP Der Käse für das Gratin sollte mindestens 40 % Fett i. Tr. haben. Auch Emmentaler und herzhafte Bergkäse können dafür gerieben werden.

Kartoffel-Gemüseauflauf

ZUTATEN

500 g vorwiegend festkochende Kartoffeln
2 Auberginen
6 Strauchtomaten
2 Zucchini
Olivenöl
250 ml Milch
Salz, Pfeffer
50 g würziger Käse, gerieben

1 Die Kartoffeln waschen und in gesalzenem Wasser mit Schale 25–30 Minuten garen. Dann sofort abschütten und abkühlen lassen. Die kalten Kartoffeln pellen und in Scheiben schneiden. Das Gemüse waschen und in Scheiben schneiden.

2 Eine große Auflaufform mit Olivenöl ausstreichen. Gemüse- und Kartoffelscheiben im Wechsel in die Form schichten. Die Gewürze und den geriebenen Käse in die Milch einrühren und über das Gemüse gießen.

3 Im vorgeheizten Backofen bei Ober-/Unterhitze, 180 °C 25–30 Minuten backen.

GEEIGNETE SORTEN:
'Lady Balfour', 'Ora', 'Monalisa'

TIPP Je nach Jahreszeit kann das Gemüse variiert werden, im Herbst Schwarzwurzeln, Möhren oder Pastinaken.

Rosmarin-Kartoffeln vom Blech

ZUTATEN

1 kg mittelgroße, (vorwiegend) festkochende Kartoffeln

4 EL Öl

Salz, Pfeffer

4–5 Stiele frischer Rosmarin

1 Den Backofen auf 200 °C Umluft vorheizen. Das Backblech mit dem Öl einpinseln.

2 Die Kartoffeln gründlich waschen, längs durchschneiden und vierteln, nicht schälen. Auf das Backblech legen, mit Salz und Pfeffer würzen. Im Ofen 20–25 Minuten goldbraun backen.

3 Den kleingeschnittenen Rosmarin erst für die letzten 5 Minuten über die Kartoffeln streuen, damit er nicht verbrennt.

GEEIGNETE SORTEN: 'Heiderot', 'Rosara', 'Marabel'

TIPP Zu den Kartoffeln einen frischen Quark servieren. Sie eignen sich so prima als Beilage zur Grillparty.

Folienkartoffeln mit Füllung

ZUTATEN

8 große, vorwiegend festkochende oder mehligkochende Kartoffeln

Für den Dip:

250 g Quark

100 g Schmand

1 Kräuterbündel mit Petersilie, Schnittlauch, Estragon, Lauchzwiebeln

1 Knoblauchzehe

Salz, Pfeffer

1 Kartoffeln waschen, mit einer Gabel ringsherum einstechen, salzen, die Knollen einzeln dicht in Alufolie einwickeln, die mit Öl bestrichen wurde. Im vorgeheizten Backofen (Ober-/Unterhitze) auf mittlerer Schiene etwa 60 Minuten bei 200 °C backen.

2 In der Zwischenzeit Quark und Schmand verrühren, die Kräuter waschen und klein schneiden, die Knoblauchzehe schälen und zerdrücken, mit den Kräutern unter den Quark mischen und mit Salz und Pfeffer abschmecken.

3 Kartoffeln aus dem Backofen nehmen, auf Tellern anrichten, die Folie leicht auseinanderziehen, Kartoffeln längs einschneiden und leicht auseinanderdrücken. Dazu schmeckt Lachs sehr gut.

GEEIGNETE SORTEN: 'Red King Edward', 'Early Rose', 'Blauer Schwede'

TIPP In Alufolie eingepackt können die Folienkartoffeln auch im Lagerfeuer gegart werden. Festlich wird die Füllung mit Krabben, Apfel und Schnittlauch.

Bunter Kartoffelsalat Pariser Art

ZUTATEN

500 g blaue, festkochende Kartoffeln

500 g gelbe, festkochende Fingerkartoffeln

250 ml Weißwein

Für die Vinaigrette:

2 EL Weinessig oder weißen Balsamico

1 TL mittelscharfen Senf

1 Prise Salz, Pfeffer

6 EL Sonnenblumen-Öl

2 Zwiebeln, gewürfelt

3 EL Kräutermischung aus Schnittlauch, Petersilie, Kerbel, Estragon, Frühlingszwiebel

GEEIGNETE SORTEN:

Fingerkartoffeln, blau: 'Vitelotte', gelb: 'Ratte', 'Bamberger Hörnle', 'Heideniere'

1 Die Kartoffeln waschen und in gesalzenem Wasser mit Schale garen. Sobald sie gar sind, sofort abschütten und abkühlen lassen, dann pellen. Die Kartoffeln in gleichmäßige Scheiben schneiden. Blaue und gelbe Scheiben in getrennten Schüsseln mit Weißwein übergießen.

2 Die Vinaigrette zubereiten: Essig, Senf und die Gewürze mit dem Schneebesen aufschlagen, zum Schluss das Öl und die Zwiebelwürfel zugeben, dann gut verrühren.

3 Die blauen und gelben Kartoffelscheiben dekorativ auf einer flachen Schale anrichten, dann die Kräuter und zum Schluss die Vinaigrette darüber gießen.

TIPP

Sorten mit farbigem Fleisch, wie 'Heiderot', 'Highland Burgundy Red', 'Violetta' oder 'Blaue Anneliese' färben in Weißwein ab. Lassen Sie alle farbigen Kartoffelscheiben daher getrennt im Wein ziehen.

Warmer Speck-Kartoffelsalat

ZUTATEN

800 g vorwiegend festkochende Kartoffeln

1 Glas kleine Essiggurken

Einige Blätter Kopfsalat oder Endiviensalat zum Anrichten

Für das Dressing:

250 ml Gemüsebrühe

1 EL Senf

2 EL Weinessig

3 EL Öl

Salz, Pfeffer

GEEIGNETE SORTEN:
'Asparges', 'Cilena', 'Sieglinde'

1 Die Kartoffeln waschen und mit Schale garen, dabei nicht zu weich kochen. Noch warm pellen und in Würfel schneiden.

2 Die Gurken in Würfel schneiden und zu den Kartoffeln in eine Schüssel geben. Die Gemüsebrühe erwärmen, Senf und Essig hinzugeben.

3 Die Brühe warm über die Kartoffeln gießen. Zum Schluss das Öl zugeben und durchmischen. Mit Salz und Pfeffer abschmecken. Den warmen Kartoffelsalat auf den grünen Salatblättern anrichten.

TIPP

Als Kräuter passen Petersilie oder Schnittlauch dazu. Mit gebratenem Frühstücksspeck bekommt der Salat einen knusprigen Biss.

Schweizer Rösti

ZUTATEN

1 kg vorwiegend festkochende Kartoffeln

1 große Zwiebel

2 EL Mehl

2 Eier

Salz, Pfeffer, Muskatnuss

2 EL Öl

GEEIGNETE SORTEN:
'Quarta', 'Granola', 'Jelly'

1 Die Kartoffeln waschen und schälen, grob reiben und salzen. In einem Küchentuch das Kartoffelwasser ausdrücken. Die Zwiebel schälen und ebenfalls reiben.

2 Die Kartoffelreibsel mit Zwiebel, Mehl und Eiern in einer Schüssel vermischen, mit Salz, Pfeffer und Muskat abschmecken.

3 Öl in der Pfanne erhitzen, Kartoffelmasse in die Pfanne geben und gut andrücken. Entweder 2–3 große Rösti oder mehrere kleine Rösti-Portionen auf voller Hitze goldbraun anbraten, dann die Ofenhitze herunterstellen. Rösti etwa von beiden Seiten 10 Minuten garen und auf einen Teller stürzen.

TIPP Zu den Rösti schmeckt Schmand und geräucherter Lachs, Pilzrahmsoße oder Apfelmus.

Kartoffelklöße Thüringer Art

ZUTATEN

1 kg mehligkochende Kartoffeln

Salz

GEEIGNETE SORTEN:
'Gunda', 'Fasan', 'Karlena'

1 700 g rohe, geschälte Kartoffeln reiben, die geriebene Kartoffelmasse auspressen. Die abgesetzte Stärke aus dem Kartoffelwasser wieder zur Kartoffelmasse geben.

2 Die verbliebenen 300 g Kartoffeln schälen, kochen und warm durch die Kartoffelpresse quetschen, dann die rohe und gekochte Kartoffelmasse vermengen und salzen.

3 Mit nassen Händen Klöße formen und in einem großen Topf mit kochendem Salzwasser aufkochen lassen, danach für 20–25 Minuten gar ziehen lassen, bis sie aufschwimmen. Mit einem Schaumlöffel aus dem Wasser nehmen. Kartoffelklöße schmecken als Beilage zu Rouladen, Schweinebraten, Sauerbraten, Gänsebraten und Rotkohl.

TIPP Übrig gebliebene Klöße in Scheiben schneiden und in der Pfanne anbraten. Sie sind eine leckere Beilage zu Braten mit Soße.

Gnocchi

ZUTATEN

500 g mehligkochende Kartoffeln

Salz

1 Ei

100 g Mehl

GEEIGNETE SORTEN:
'Freya', 'Melody', 'Odenwälder Blaue'

1 Die Kartoffeln waschen, mit Schale garen, abgießen, etwas abkühlen lassen, pellen und warm durch eine Kartoffelpresse drücken. Die Kartoffelmasse abkühlen lassen, 1 Prise Salz, das Ei und das Mehl einarbeiten, sodass ein weicher Teig entsteht. Bei zu trockenem Teig werden die Gnocchi hart.

2 Aus dem Teig Rollen mit 2 cm Durchmesser formen, in 2 cm lange Stücke schneiden, die Stücke leicht mit Mehl bestreuen und mit einer Gabel die Rillen eindrücken.

3 In einem Topf Salzwasser zum Kochen bringen, die Gnocchi hineingeben und gar ziehen lassen, bis sie an die Oberfläche steigen. Mit dem Schaumlöffel herausnehmen. Dann warm mit Bolognese-Soße oder Sahnesoße servieren.

TIPP Mit Zucker und Vanilleschote zubereitet schmecken Gnocchi auch zu Fruchtkompott. Gnocchi können auf Vorrat produziert und eingefroren werden.

Kartoffelbrot

ZUTATEN

300 g mehligkochende Kartoffeln
500 g Vollkornmehl
1 Würfel Frischhefe
375 ml lauwarmes Wasser
1 Prise Salz
2 EL Sonnenblumenöl

GEEIGNETE SORTEN:
'Adretta', 'Inst. de Beauvais', 'Melody'

1 Die Hefe in einem Gefäß mit 3 EL Vollkornmehl zerbröckeln und in 3 EL lauwarmem Wasser auflösen, abgedeckt 30 Minuten gehen lassen. Kartoffeln waschen und mit Schale gar kochen, abpellen und heiß durch die Kartoffelpresse drücken.

2 Das restliche Mehl in eine Schüssel geben, eine Mulde drücken und die angesetzte Hefe hineingeben. Die kalte Kartoffelmasse zugeben, mit Salz, Öl und dem restlichen Wasser zu einem Teig verkneten. Den Teig an einem warmen Ort 1 Stunde abgedeckt gehen lassen. Danach den Teig durchkneten, in eine gefettete Kastenform geben und nochmals 20 Minuten gehen lassen.

3 Den Backofen auf 200 °C vorheizen. Bei Ober- / Unterhitze etwa 45–60 Minuten backen.

TIPP Das Brot erhält durch Zugabe von Anis, Fenchel, Rosmarin oder Kümmelkörnern eine besondere Würze.

Kartoffelwaffeln

ZUTATEN

- 200 g mehligkochende Kartoffeln
- 200 g Mehl
- 1 TL Backpulver
- 2 Eier
- 60 g weiche Butter
- 250 ml Milch
- Salz
- Öl für das Waffeleisen

GEEIGNETE SORTEN:
'Gunda', 'Karlena', 'Freya'

1 Die Kartoffeln waschen und mit der Schale in Salzwasser 20–25 Minuten garen. Kartoffeln abpellen und durch die Kartoffelpresse drücken, dann abkühlen lassen.

2 Mehl mit Backpulver mischen und zusammen mit den Eiern, Butterflocken, der kalten Kartoffelmasse und der Milch glattrühren. Mit Salz abschmecken.

3 Das Waffeleisen fetten und anheizen. 2–3 EL Teigmasse hineingeben und goldbraun ausbacken.

TIPP Dazu passt ein Dip aus Frischkäse mit Kräutern (Petersilie, Schnittlauch) und Radieschen. Ohne Salz schmecken die Waffeln mit Zimtsahne und Früchten.

Rezepte mit Süßkartoffeln

Süßkartoffel-Pommes

ZUTATEN

- 2 Süßkartoffeln
- 2 EL Speisestärke
- Salz
- verschiedene Dips

1 Die Süßkartoffeln waschen und in fingerlange Spalten schneiden. Mit der Speisestärke bestreuen.

2 Auf dem geölten Backblech im Backofen bei 180 °C Umluft 15 Minuten knusprig-weich garen. Nach der Garzeit salzen.

TIPP Dazu passen verschiedene Dips wie Crème fraîche, Kräuterjoghurt oder Tomatenketchup.

Süßkartoffel-Suppe

ZUTATEN

- 500 g Süßkartoffeln
- 300 ml Gemüsebrühe
- 50 g Butter
- 200 ml Orangensaft, frisch gepresst
- 1 TL Curry
- 1 Prise Chilipulver
- Salz, Pfeffer

1 Die Süßkartoffeln waschen, schälen, in grobe Stücke schneiden, im Topf mit Gemüsebrühe aufsetzen und etwa 15 Minuten darin weich kochen.

2 Die Butter dazu geben, mit dem Zauberstab pürieren, zum Schluss den Orangensaft zugeben und mit den Gewürzen abschmecken.

TIPP Süßkartoffeln haben eine kürzere Garzeit als Kartoffeln, nur etwa 15 Minuten.

Rezepte mit Topinambur

Gebratene Topinambur

ZUTATEN

- 800 g Topinambur
- 2 EL Butter für die Pfanne
- 10 frische Walnüsse
- 1 Bund frische, glattblättrige Petersilie
- Salz, Pfeffer

1 Die Topinambur-Knollen waschen, schälen und in Scheiben schneiden. In der Pfanne Butter schmelzen, die Topinambur dazugeben und goldbraun anbraten. Sie sind schon nach etwa 10 Minuten weich.

2 Walnüsse knacken und grob zerkleinern. Die Petersilie waschen und ebenfalls kleinhacken. Beides über die Topinambur geben. Mit Salz und Pfeffer abschmecken.

TIPP
Topinambur aus Bioanbau, die sich je nach Boden gut säubern lässt, braucht nicht geschält werden. Die Schale ist nur sehr dünn.

Topinambur-Suppe

ZUTATEN

- 500 g Topinambur
- 100 g mehligkochende Kartoffeln
- 2 EL Butter
- 750 ml Gemüsebrühe
- 125 ml Sahne
- Salz, Pfeffer, Zitronensaft

1 Topinambur-Knollen waschen und schälen, Kartoffeln ebenso, alles in grobe Stücke schneiden.

2 Mit der Butter im Topf erhitzen, mit der Gemüsebrühe ablöschen und 20 Minuten garen.

3 Mit dem Stabmixer pürieren, die Sahne zugeben, nochmals durchrühren, mit Salz, Pfeffer und Zitronensaft abschmecken.

TIPP Die Suppe lässt sich durch die Zugabe anderer Wurzelgemüse wie Möhren, Pastinaken oder Steckrüben abwandeln. Gewürfelt und ohne Sahne ergibt es eine klare Gemüsesuppe.

SERVICE

Interessante Tipps,
Bezugsquellen und Register

Zum Weiterlesen

Benkhardt, Wolfgang (Hrsg.): **Erdäpfl, a so a Freid. Neue und alte Kartoffelrezepte aus der Oberpfalz.** Battenberg Gietl-Verlag 2013

Darting, Martin: **Sensorik für Praktiker und Genießer.** Verlag Eugen Ulmer 2012

Göttlicher, Anja · Willmeroth, Sabine: **Die Kartoffel – Kopiervorlagen mit Arbeitsblättern.** Verlag an der Ruhr 2013

Hawkes, J. G.: **The Potato. Evolution, biodiversity & genetic resources.** Belhaven press London 1990

Humm, Antonia · Heilmeyer, Marina · Winler, Kurt (Hrsg.): **König & Kartoffel. Friedrich der Große und die preußischen „Tartuffoli".** Verlag für Berlin-Brandenburg 2012

Kolbe, Wilhelm: **Kulturgeschichte der Kartoffel und ihrer Schaderreger.** Verlag Dr. W. A. Kolbe, Burscheid 1999

Mangold, Matthias F.: **Kartoffeln. Schätze vom Feld.** Kosmos Verlag 2010 (Kochbuch)

Mikanowski, Lyndsay und Patrick: **Kartoffel.** Flammarion 2004 (Kochbuch)

Nitsch, Albrecht: **Praxishandbuch Kartoffelbau.** Erling-Verlag 2013

Nitsch, Albrecht: **Kartoffelimpulse: Ein Leitfaden für den Anbau.** Erling-Verlag 2013

Ottenjahn, Helmut · Ziessow, Karl-Heinz (Hrsg.): **Die Kartoffel. Geschichte und Zukunft einer Kulturpflanze.** Museumsdorf Cloppenburg 1992

Pieterse, Lukie · Judd, Julian: **World Catalogue of Potato Varieties.** 6. Aufl., Erling-Verlag 2014

Putsche, Carl Wilhelm Ernst: **Versuch einer Monografie der Kartoffel.** Reprint, Hrsg. Thüringer Klossmuseum 2006

Radtke, Wolfgang · Rieckmann, Walter · Brendler, Fritz: **Kartoffel. Krankheiten – Schädlinge – Unkräuter.** Verlag Th. Mann 2000

Ruhl, Thomas: **Die neue regionale Küche. Lokale Produkte inspirieren Spitzenköche.** Matthaes 2010

Schuster, Elke · Schuster, Timo: **Zwergenstübchen Kartoffelkiste.** Kaufmann Verlag 2013 (Kinder-Kochbuch)

Störkle, Rosa: **Kartoffel-Festival. Mit der gesunden Knolle mal solo oder kombiniert.** Fam. Störkle, 88633 Heiligenberg/Moos 2002 (Kochbuch)

Adressen, Bezugsquellen

Arche Noah, Gesellschaft zur Erhaltung und Verbreitung der Kulturpflanzenvielfalt, Österreich, www.arche-noah.at

Bioland Hof Jeebel, Jeebel 17, 29410 Salzwedel
info@biogartenversand.de
www.biogartenversand.de
umfangreiches Sortiment Pflanzkartoffeln, Gartengeräte, Saatgut

Bundessortenamt
Osterfelddamm 80, 30627 Hannover
www.bundessortenamt.de
jährlich Beschreibende Sortenliste Kartoffeln, gedruckt oder online einzusehen

Ellenberg's Kartoffelvielfalt GmbH & Co. KG
Ebstorfer Straße 1, 29576 Barum
kartoffelvielfalt@t-online.de
www.kartoffelvielfalt.de
umfangreiches Sortiment Speisekartoffeln und Pflanzkartoffeln aus Bioanbau

EUROPLANT Pflanzenzucht GmbH, Wulf-Werum-Straße 1, 21337 Lüneburg
www.europlant.biz
Kartoffelzuchtunternehmen

Förderverein Bamberger Hörnla in Franken e. V., Hauptstraße 19, 97253 Gaukönigshofen
www.bambergerhörnchen.de

Förderverein Schwarzblaue Frankenwälder Kartoffel e. V.
Burgstall 3, 95131 Schwarzenbach am Wald
schwarz-blaue-kartoffel@web.de

Gündels Kartoffelwelt
Swen Gündel, Schwarze Tafel 15, 08468 Reichenbach i. V. OT Rotschau
info@guendels-kulturstall.de
www.guendels-kulturstall.de
Sortiment Speisekartoffeln, Kartoffelverkostungen

IPK-Genbank / Groß Lüsewitzer Kartoffelsortimente
Parkweg 3a, 18190 Groß Lüsewitz
Kartoffelsammlung mit etwa 6100 Mustern, in kleinem Umfang Abgabe von Knollenproben an Privatleute gegen Gebühr

International Potato Center (CIP)
Peru, Avenida La Molina 1895, La Molina, Lima, Peru, www.cipotato.org, Genbank, Forschung zu Kartoffel und Süßkartoffel, Anbauprogramme weltweit

Kartoffel Müller
Hauptstraße 58,
89278 Nersingen-Straß
www.kartoffel-mueller.de
Versand von Speise- und Pflanzkartoffeln, großes Sortiment

Kartoffelhof Störkle
Moos 3, 88633 Heiligenberg

NIVAP, Netherlands Potato Consultative Foundation
www.aardappelpagina.nl
Katalog niederländischer Kartoffelsorten

NORIKA Kartoffelzucht GmbH
Parkweg 4, 18190 Sanitz
www.norika.meinehomepage.de
Kartoffelzüchter

Potato Variety Database
www.varieties.ahdb.org.uk
Liste in Großbritannien zugelassener Kartoffelsorten

ProSpecie Rara Deutschland GmbH, Kartäuserstraße 49,
79102 Freiburg
www.prospecierara.de
Erhaltung der kulturhistorischen und genetischen Vielfalt von Pflanzen und Tieren

Sarpo Potatoes Ltd.
Siambra Gwynion, Llandygai.
Bangor. LL57, Wales/UK
www.sarpo.co.uk
Kartoffelzüchter

Slow Food Deutschland e. V.
Luisenstraße 45, 10117 Berlin
www.slowfood.de
unter Arche des Geschmacks auch alte Kartoffelsorten

Tartuffli Naturwaren e. K.
Peter Glandien
Ammerseestraße 1a,
86949 Schwifting
info@erlesene-kartoffeln.de
www.erlesene–kartoffeln.de
Kartoffeln und regionale Lebensmittel, Versand

The European Cultivated Potato Database
www.europotato.org
Online-Datenbank Europäischer Kartoffelsorten

VEN e. V., Verein zur Erhaltung der Nutzpflanzenvielfalt
www.nutzpflanzenvielfalt.de
Infos zur Sortenerhaltung, Veranstaltungen, Märkte, Saatgut, Katalog

Verein Genuss-Region Oberfranken
Maximilianstraße 6,
95444 Bayreuth
www.genussregion.oberfranken.de
Vorstellung region. Erzeugnisse

VERN e. V., Verein zur Erhaltung und Rekultivierung von Nutzpflanzen in Brandenburg
Burgstraße 20,
16278 Greiffenberg/Uckermark
www.vern.de
Saatgut, Schaugärten, Katalog

Schaugärten, Museen

Deutsches Kartoffelmuseum Fußgönnheim e. V., Hauptstraße 65, 67136 Fußgönnheim
www.deutscheskartoffelmuseum.de
info@deutscheskartoffelmuseum.de
geöffnet jeden 1. Sonntag im Monat (Juli/August geschlossen), und nach Absprache

Freilichtmuseum Detmold
Krummes Haus, 32760 Detmold
historische Gärten mit Gemüse- und Blumenbepflanzung

Landwirtschaftsmuseum Prienfeldhof, Lensahn e. V.
23738 Lensahn
www.museumshof-lensahn.de
außerschulischer Lernort, Kartoffel-Erntefest, alte Landwirtschaftsmaschinen

Museumsdorf Clopenburg
Bether Straße 6,
49661 Cloppenburg
www.museumsdorf.de
Dauerausstellung Landmaschinen, Gärten

Thüringer Kloß-Welt Heichelheim, Hauptstraße 3,
99439 Heichelheim bei Weimar
www.thueringer-kloss-welt.de
Werksverkauf der ABLIG Feinfrost mit Kloß-Museum

Vogtländisches Freilichtmuseum Landwüst, Rohrbacher Straße 4,
08258 Markneukirchen
www.museum-landwuest.de

Vorpommersches Kartoffelmuseum Tribsees,
Kirchplatz 7, 18465 Tribsees
www.kartoffelmuseum.stadt-tribsees.de

Kartoffelsorten schnell nachgeschlagen

Begriffe schnell nachgeschlagen

Die Autorin

Dr. Heidi Lorey liebt Kartoffeln in ihrem Garten sowie in der Küche und kultiviert seit über 25 Jahren zahllose Kartoffelsorten. Sie arbeitet als freie Gartenjournalistin, Buchautorin und Referentin. Dem Gartenbaustudium an der Uni Hannover folgte die Promotion im Fach Pflanzenzüchtung. Nach Praxisjahren in einer Gärtnerei arbeitete sie zehn Jahre als Redakteurin für das Gartenressort des Magazins LandLust. Ihre Themenschwerpunkte sind der Küchengarten, die Wiederentdeckung von Gemüse- und Obstarten und die Saatguterhaltung. Sie ist im Verein zur Erhaltung der Nutzpflanzenvielfalt e.V. (VEN) aktiv und gibt ihr reichhaltiges Wissen in Seminaren und Kursen weiter.
www.hlorey.de

Mein Dank

... gilt dem professionellen Projektmanagement von Bettina Brinkmann vom Verlag Eugen Ulmer, den Grafikern, die Text und Bild kreativ zusammenbrachten, und Dr. Ruthild Kropp für das umsichtige Lektorat. Besonderer Dank gilt der Familie Ellenberg und den Mitarbeitern vom Bioland Hof Jeebel für die zur Verfügung gestellten Sortenbilder und Infos. Ebenso freundlich unterstützt haben mich Georg W. Lang, die Genbank Groß-Lüsewitz, Dr. Christian Gattner (Norika-Kartoffelzucht), Frau Dr. Benker, LWK Köln-Auweiler, Erik Oggel von Meijer Potato sowie Heather Campbell von SASA in Schottland. Gedankt sei auch den Gartenbesitzern, in deren Beeten ich die Kartoffelkulturen fotografieren durfte.

Dieses Buch widme ich meinen Eltern.

Bildnachweis

Titelfoto: Shutterstock.com/mythja

Alle in diesem Buch verwendeten Fotos stammen von der Autorin,
außer:
Adobe Stock/Viesturs Kalvans: S. 50 o.
Benker, Dr. Marianne: S. 51 u.
C. Meijer B. V. Potato, NL: S. 82 m.
Ellenberg's Kartoffelvielfalt GbR, Julius Ellenberg: S. 58 o., 58 u., 59 o. und Klappe vorne o. l., 59 m., 60 o., 61 o., 62 m., 65, 68 o., 68 m., 69 o., 70 o., 70 u., 71 o., 71 m., 72 m., 72 u., 73 m., 73 u., 75, 80 m., 80 u., 81 m., 84, 86 o., 86 m., 87 o., 87 m., 87 u., 89 o., 90 o., 90 m., 90 u., 91 o., 91 m., 91 u., 92, 95, 112 l., 112 r.
Fotonatur.de/Holger Duty: S. 49 u.
FotoVisionen Jürgen Krämer: S. 143
IPK Gatersleben, Lizenz CC BY 4.0: S. 85
Hof Jeebel, biogartenversand.de: S. 39, 58 m., 59 u., 60 m., 60 u., 61 m., 61 u., 62 o., 62 u., 63 o., 63 m., 63 u., 68 u., 69 m., 69 u., 70 m., 72 o., 73 o., 76, 80 o., 81 u., 82 o., 83, 86 u., 88 o., 88 m., 88 u., 89m.
Lang, Georg Willibald: S. 94
mauritius images: S. 50 u., 57, 67
NORIKA Kartoffelzucht- und Vermehrungs GmbH: S. 81 o.
Reinhard, Hans: S. 49 o.
SASA © Crown Copyright: S. 77
Schäfer, Bernd: S. 47 u.
Shutterstock.com
Africa Studio: S. 119, U4 r., Alice Day: S. 123, Artem Shadrin: S. 106, 107, Bildagentur Zoonar GmbH: S. 128, Dani Vincek: S. 135, Evlakhov Valeriy: Hintergrund Kartoffelsack, freeskyline: S. 127, Gayvoronskaya_Yana: S. 121, U2 r., greatstockimages: S. 126, Gustavo Ramirez: S. 11, HandmadePictures: S. 118, Karl Allgaeuer: S. 124, kostrez: S. 134, margouillat photo: S. 110, 125, Natalie_Barth: S. 131, Nattika: S. 108, Olaf Speier: S. 120, photogal: S. 133, Rido: S. 115, saschanti17: S. 132, Slawomir Fajer: S. 129, Teresa Kasprzycka: S. 122, zoryanchik: S. 130

Die Zeichnungen auf S. 8, 24 und 28 stammen von Susanne Dinkel, die Zeichnungen auf S. 10 und der hinteren äußeren Klappe fertigte Helmut Flubacher.

Impressum

Die in diesem Buch enthaltenen Empfehlungen und Angaben sind von der Autorin mit größter Sorgfalt zusammengestellt und geprüft worden. Eine Garantie für die Richtigkeit der Angaben kann aber nicht gegeben werden. Autorin und Verlag übernehmen keine Haftung für Schäden und Unfälle. Bitte setzen Sie bei der Anwendung der in diesem Buch enthaltenen Empfehlungen Ihr persönliches Urteilsvermögen ein.
Der Verlag Eugen Ulmer ist nicht verantwortlich für die Inhalte der im Buch genannten Websites.

Bibliografische Information der Deutschen Nationalbibliothek
Die Deutsche Nationalbibliothek verzeichnet diese Publikation in der Deutschen Nationalbibliografie; detaillierte bibliografische Daten sind im Internet über http://dnb.d-nb.de abrufbar.

Wollgrasweg 41, 70599 Stuttgart (Hohenheim)
E-Mail: info@ulmer.de
Internet: www.ulmer.de
Lektorat: Bettina Brinkmann, Dr. Ruthild Kropp
Herstellung: Katharina Merz
Umschlag-Gestaltung, Layout und Satz: Antje Warnecke, nordendesign.de
Reproduktion: timeRay Visualisierungen, Jettingen
Druck und Bindung: Westermann Druck, Zwickau
Printed in Germany

ISBN 978-3-8186-0649-7